中国語の語源図鑑

面白いほど語彙が増える

西香織 著

蒼井すばる イラスト

はじめに

「日本語と同じ漢字を使うから簡単そう！」

そう思って中国語を習い始めた方も少なくないでしょう。

実際、本書で取り上げている語源や見出し語の中には、日本語の知識だけで理解できてしまうものが多く含まれています。

たしかに、多少、書き方に違いがあっても、文字（漢字）が共通しているということは、日本語を理解する私たちにとってとても幸運なことですし、文字を一から覚える必要がない私たちは、非漢字圏の中国語学習者に比べてずっと有利な立場にあります。

でも、その有利な点が生かしきれていないと思ったことはありませんか？

「文字を見ればなんとなく意味がわかる」

どうやらこの点がくせ者のようです。**「なんとなく」理解できるために脳がなまけてしまう**のでしょう。

文字が共通しているという点は、有利にはたらくこともあれば、思わぬ落とし穴に落ちてしまうこともあります。

「中国のホテルで、夜間、寒く感じて『毛布』を持ってきてもらおうとフロントに電話したら、なぜか『ぞうきん』が届けられた」

「一生懸命『勉強』する、と中国人の先生に伝えたら、怪訝（けげん）な顔をされた」

といったエピソードは笑い話ですむかもしれません。しかし、「日中同形異義語」はときに、とんでもない誤解を招きます。

「何年も学習しているのに、いつまでも初級どまり……」
「中国語は発音が難しいから……」
といった声もよく耳にしますが、語彙は増えましたか？ 単語をつなぎ合わせてきちんと文が作れますか？ やさしい文でコミュニケーションはとれますか？

本書における「語源」は、学問的あるいは一般的に言われる語源とはやや異なります。**語の源（みなもと）＝「原点」に立ち返り、**中国語としての「語源」（パーツ）とそれにかかわる語（見出し語）を、**語源が持つイメージとリンクさせて覚える**ことを意図しています。

中国語の引き出しの中がからっぽ、あるいはぐちゃぐちゃだと、必要なときに取り出したいもの（単語）が取り出せません。本書はできるだけ多くの「使えるもの」を整理して保管していただくための、みなさんにとってのサポーターです。

さあ、まずは初心に返りましょう。

本書では、**“衣食住行”＋“游”**という、日常生活で使われるものを積極的に取り上げています。日本語ではなく、**中国語として各語源・見出し語を見つめ直してください。**

本書の出版にあたって多大なご尽力をいただいたかんき出版編集部の渡部絵理さん、語源のイメージがしやすい可愛いイラストを描いてくださった蒼井すばるさん、丁寧にネイティブチェックをしてくださった劉世暢さん、そのほか、ご協力をいただいたすべての皆様にこの場を借りて感謝申し上げます。本書がみなさんの中国語学習に少しでも役立つことを心から願っています。

西　香織

語彙力アップのための中国語「語源」学習のポイント

品詞マーカーのない中国語

中国語には形態変化がありません。同じ１つの語が同じ形のままで動詞、前置詞、あるいは副詞としても使用されることがあります（番外編“在”など）。本書では各語源・見出し語に品詞をつけていますが、すべての品詞をあげているわけではありませんし、すべての用法を紹介しているわけでもありません。

さらに、中国語には一見、名詞や動詞に見えて、実は単独で使用することのできないものがあります。これを「付属語」と呼びます。日本語とほぼ同じ意味でも、１つの「語」として独立して使用できるかどうかが異なることもあるので、注意が必要です。

また、たとえば日本語では趣味を語るとき、「私の趣味は音楽を聴くこと（音楽鑑賞）です」のように名詞化して表現する必要がありますが、中国語ではその必要はありません。

“我的爱好是听音乐。”（直訳：私の趣味は音楽を聴くです）

過去のことを表すときも、日本語では「昨日は暑かった」と言いますが、中国語ではテンス（時制）という文法的概念がないため、現在のことも過去のことも、次のように表現します。

“今天/昨天很热。”（直訳：今日／昨日は暑い）

このように、品詞マーカーだけでなく、さまざまな文法上のマーカー（目印）が中国語の特徴でもあります。

中国語の語彙を増やすために、このような日本語とも英語とも異なる中国語独特の文法の特徴もおさえながら、語源にあたっていただければと思います。

1つひとつに情報がつまっている漢字

日本語や韓国語では外国語を取り入れる際、「音訳」が多く見られます（例：diamond→「ダイヤモンド」「다이아몬드」）。

一方、中国語の外来語の処理のしかたで最も多く見られるのは「意訳」です。日本語と異なり、中国語では基本的に外来語にも漢字をあてますが、漢字は文字１つひとつが意味を持ち、自己主張をします。音を単純にあてただけの「音訳」もありますが、「音訳」や「音訳＋意訳」の場合に、漢字１つひとつの自己主張を封じこめることは難しいため、日本語とは異なる工夫と苦労が必要なのです。

商品名や会社名などであれば、「音訳」であってもその商品や会社のイメージに合った漢字を選ばないといけません。よく外来語の例として取り上げられる「コカ・コーラ」(Coca-Cola）は、中国語では“可口可乐(kěkǒu kělè)”と表記されます（“乐”は日本語で書くと「楽」)。もしこの「音訳」が“苦口苦辣(kǔkǒu kǔlà)”だったとしたらどうでしょう。売れると思いますか？

本書の見出し語やコラムの中には、外来語の傑作品（!?）も一部紹介してるので、そのあたりも含めて楽しみながら覚えてください。

「語源」で中国語を学ぶ 3つのメリット

その1 日常生活に役立つ語源・見出し語・例文が満載

本書は、“衣食住行”+“游”（「衣・食・住・交通、転じて広く生活上なくてはならないもの」+「アクティビティ」）を主なテーマとしています。日常生活にかかわるものを中心に扱っているので、どなたにとっても必要かつ有用な語彙が満載です。すべての見出し語（と一部の語源）に例文をつけており、例文を通して見出し語に関連する語彙も増える工夫がされています。

その「語」がどのような要素（たとえば動詞や量詞など）と結びつくのか、どのように結びつくのか、つまりその「語」が具体的にどのように使用されるのかを、例文を通して学ぶことができます。

なお、語源に例文がついているものは、語源と見出し語との橋渡し的な役割をしています。まずは語源となる語自体の使い方を、例文を通しておさえていただき、見出し語に進んでいただくためのものです。

その2 語源が持つイメージをイラストとともに覚えられる

本書の各語源にはイラストがついています。語源が持つイメージを言葉で説明するだけでは伝わりにくい。そのような部分をイラストによって補うだけでなく、しっかりと脳裏に焼きつけることができます。イラストとともにまずは語源のイメージをつかみましょう。イラストを通じて、１つの語源から見出し語や関連語につなげていくと、イメージとともにそれぞれの語が持つ意味を理解し、記憶に定着させることが可能になります。つまり、覚えやすさが一気に増します。

どれだけ文法や文型を覚えても、語彙が不足していると使いものにはなりません。「毎日10分、１つの語源」と決めて学習してもよいでしょう。複数の分野に分かれていますので、興味のあるところから始めていただくことも可能です。

継続は力なり！

新HSKにも対応

本書は検定試験対策本ではありませんが、2021年７月１日より、中国で国際中国語教育のスタンダード・ガイドラインとして実施に付された《国际中文教育中文水平等级标准》を参考に、主にHSK3.0の初中等レベルの１級から５級までの単語を見出し語としてピックアップしています。ただし、日本語と同義語であるなど文字（漢字）から想定しやすいものについては、中等レベルの６級、高等レベルの７級から９級にあげられている語なども含めています。対応する級がある場合には、巻末の索引にHSK3.0の級（１級から６級まで）を示していますので、参考にしてください。

本書の使い方

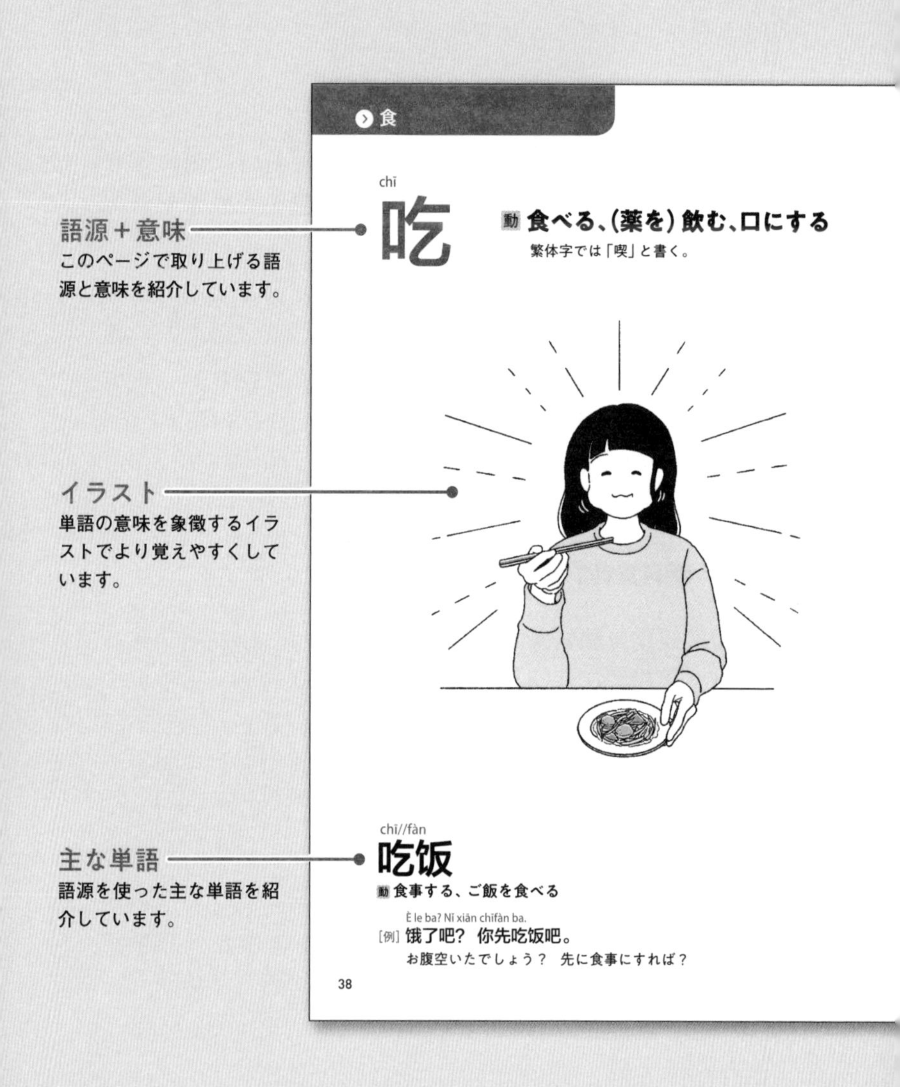

語源＋意味
このページで取り上げる語源と意味を紹介しています。
イラスト
単語の意味を象徴するイラストでより覚えやすくしています。
主な単語
語源を使った主な単語を紹介しています。
食
chī
吃
動 食べる、(薬を) 飲む、口にする
繁体字では「喫」と書く。
chī//fàn
吃饭
動 食事する、ご飯を食べる
È le ba? Nǐ xiān chīfàn ba.
[例] 饿了吧？ 你先吃饭吧。
お腹空いたでしょう？ 先に食事にすれば？
38

ピンインについて

見出し語と例文にピンインを記載しています。ピンインは赤シートで隠すことができるので、ご自身の赤シートを活用ください。

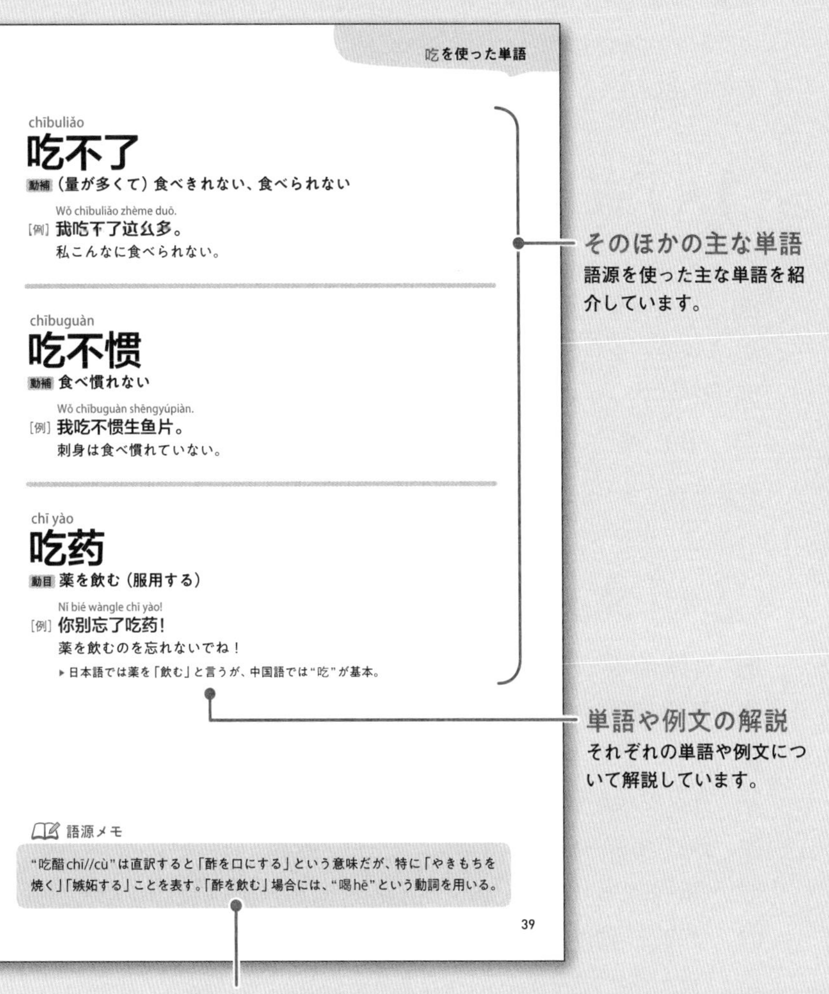

chībuliǎo
吃不了
動補 (量が多くて) 食べきれない、食べられない
Wǒ chībuliǎo zhème duō.
[例] 我吃不了这么多。
私こんなに食べられない。

chībuguàn
吃不惯
動補 食べ慣れない
Wǒ chībuguàn shēngyúpiàn.
[例] 我吃不惯生鱼片。
刺身は食べ慣れていない。

chī yào
吃药
動目 薬を飲む (服用する)
Nǐ bié wàngle chī yào!
[例] 你别忘了吃药!
薬を飲むのを忘れないでね!
▸日本語では薬を「飲む」と言うが、中国語では“吃”が基本。

語源メモ
“吃醋 chī//cù”は直訳すると「酢を口にする」という意味だが、特に「やきもちを焼く」「嫉妬する」ことを表す。「酢を飲む」場合には、“喝 hē”という動詞を用いる。

語源メモ・関連語源コラム・関連語句

「語源メモ」には語源に関するプラスαや使い方の注意点、「関連語源コラム」では似ている意味や正反対の意味など、「関連語句」では文字通り関連する語句を紹介しています。

目次

第3章 「住」にかかわる語源

「お金・買い物」にまつわる

「一日の生活」にまつわる

「病気・けが・災害」にまつわる

第4章 「行」にかかわる語源

「交通」にまつわる

「通信」にまつわる

第5章 「游」にかかわる語源

「スポーツ」にまつわる

「アクティビティ」にまつわる

番外編　意味の派生がわかる語源

*は付属語を意味します。

カバーデザイン◎小口翔平＋阿部早紀子（tobufune）
本文デザイン◎二ノ宮匡（nixinc）
校正◎林屋啓子、藤井佳苗、水科哲哉
DTP◎創樹
編集協力◎峰岸美帆

第1章

「衣」にかかわる語源

-yī-

-衣-

付 衣類（体を覆うイメージ）

yīfu

衣服

名 服、特に上着

Wàimiàn hěn lěng, duō chuān diǎn(r) yīfu!

[例] **外面很冷，多穿点儿衣服！**

外は寒いので、服を着込んで！

▶"点儿"は"一点儿"（ちょっと）の"一"の省略形。北方ではよく"儿"をつけるが、南方ではあまり使わない。

▶▶▶ 関連語句

上半身に着る服（上着、トップス）は"上衣shàngyī"。コートなどのアウターは"外衣wàiyī"と言うが、特にコートを指したい場合には"大衣dàyī"。

máoyī

毛衣

名（毛糸の）セーター

Wǒ nǎinai jīngcháng gěi wǒ zhī máoyī.

[例] **我奶奶经常给我织毛衣。**

祖母はよく私にセーターを編んでくれる。

---

nèiyī

内衣

名 下着（肌着）、アンダーウェア

Pào wēnquán shí, qǐng tuōxia nèiyī.

[例] **泡温泉时，请脱下内衣。**

温泉に入るときは、下着を脱いでください。

▶特にブラジャーや肌着など上半身につけるものを指すことが多い。

---

yǔyī

雨衣

名 レインコート

Chū mén jìde dài yǔyī、yǔsǎn.

[例] **出门记得带雨衣、雨伞。**

外出するなら雨具を持っていくのを忘れないように。

-kù-

-裤-

付 ズボン類
（下半身を覆うイメージ）

kùzi

裤子

名 ズボン

Nǐ chuān zhèi tiáo kùzi xiǎnde tuǐ cháng.

[例] 你穿这条裤子显得腿长。

そのズボンをはくと足が長く見えるよ。

duǎnkù

短裤

名 半ズボン、ショートパンツ

Wǒ xiàtiān jiù ài chuān duǎnkù.

[例] **我夏天就爱穿短裤。**

私は夏にショートパンツをはくのが好きだ。

---

nèikù

内裤

名 下着としてのパンツ、ショーツ

Xuǎn nèikù zuì zhòngyào de háishi miànliào.

[例] **选内裤最重要的还是面料。**

パンツ選びに一番大事なのはやはり生地だ。

---

niúzǎikù

牛仔裤

名 ジーンズ、ジーパン

Xiànzài niúzǎikù de kuǎnshì yuè lái yuè duō le.

[例] **现在牛仔裤的款式越来越多了。**

最近はジーンズのデザインがどんどん増えている。

▶ “牛仔 niúzǎi” はカウボーイのこと。

関連語源コラム

日本人が必ず二度見するであろう “开裆裤 kāidāngkù” はお尻の部分が用便のために開いている乳幼児用の股割れズボン。20世紀まではよく見られたが、現在は衛生面の問題も指摘され、都市部での使用は減っている。紙おむつと併用されることもある。

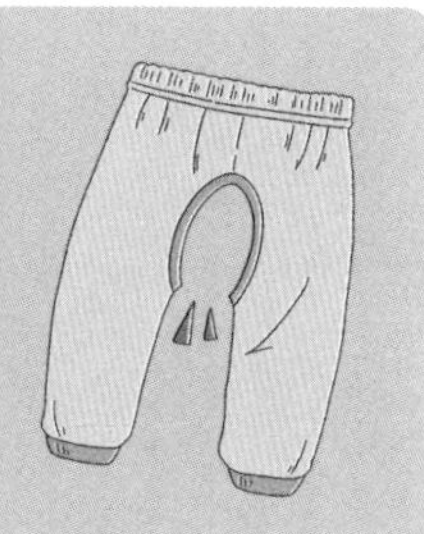

-qún-

-裙-

付 **スカート（状のもの）**

qúnzi

裙子

名 スカート

Nǐ chuān zhèi tiáo qúnzi zhēn piàoliang!

［例］**你穿这条裙子真漂亮！**

そのスカート（をはくと）、本当にきれいだよ！

▶「ワンピース」は“连衣裙 liányīqún”。

mínǐqún
迷你裙
名 ミニスカート

Mínǐqún zhēnde yǒu "mínǐ" de zuòyòng ma?
[例] **迷你裙真的有"迷你"的作用吗？**
ミニスカートって本当に「あなた（相手）を惑わす」効果があるのかな？
▶"迷你"は「ミニ」の音訳で、あてられた漢字が「あなたを惑わす」という意味を持つ。

---

qúnkù
裙裤
名 キュロットスカート（裤裙 kùqún とも）

Nèige chuānzhe qúnkù de nánshēng shì shéi?
[例] **那个穿着裙裤的男生是谁？**
あのキュロットをはいている男子学生は誰？

---

wéiqún
围裙
名 エプロン

Wǒ gěi tā wéishang wéiqún kāishǐ lǐfà.
[例] **我给他围上围裙开始理发。**
私は彼にエプロンをつけると散髪を始めた。
▶"围巾 wéijīn"は「体を取り囲む＋布」の意味でマフラー、スカーフを表す。

xié
鞋

名 **靴**

xiézi
鞋子

名 靴

Nǐ zhèi shuāng xiézi tài zāng le!
［例］ **你这双鞋子太脏了！**

あなたのその靴、汚すぎる！

▶“鞋”の通称。特に南方では“鞋”のうしろに“子”をつけて言うことが多い。音節などの関係で“鞋子”と２音節にすることもある。

gāogēnxié
高跟鞋

名 ハイヒール

Wǒ xiànzài hěn shǎo chuān gāogēnxié le.

［例］**我现在很少穿高跟鞋了。**

私は今ではほとんどハイヒールをはかなくなった。

---

liángxié
凉鞋

名 サンダル

Zhèi shuāng liángxié chuānqilái hěn shūfu.

［例］**这双凉鞋穿起来很舒服。**

このサンダルは、はき心地がとてもいい。

---

tuōxié
拖鞋

名 スリッパ

Jiǔdiàn yìbān dōu yǒu yícìxìng tuōxié.

［例］**酒店一般都有一次性拖鞋。**

ホテルにはふつう使い捨てスリッパがある。

▶“拖tuō”は「引きずる」という意味の動詞で、「引きずる＋靴」でスリッパ。

語源メモ

日本語では「くつ」は「靴」と書くが、中国語の“靴(子) xuē(zi)”はブーツなど長靴を指す。雨靴（レインブーツ）も“雨靴yǔxuē”、「長靴（ながぐつ）」も“长筒靴chángtǒngxuē”。

▶▶▶ 関連語句

「革靴」は“皮鞋píxié”、「運動靴」は“球鞋qiúxié”と言う。

-dài

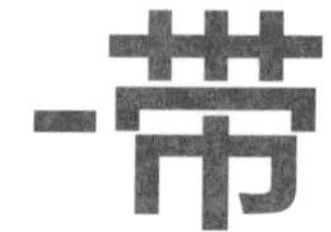

付 **ひも、帯、ベルト状のもの**

yāodài

腰帯

名 **腰につけるベルト、帯**

Tā chuān kùzi yídìng yào jì yāodài.

[例] **他穿裤子一定要系腰带。**

彼はズボンをはくとき必ずベルトをする。

▶ 革製のベルトは“皮带 pídài”。

lǐngdài
领带
名 ネクタイ

Nǐ jiěkāi lǐngdài xiūxi xiūxi.
[例] 你解开领带休息休息。
ネクタイをはずしてちょっと休憩すれば。

ānquándài
安全带
名 シートベルト

Qǐng jìhǎo ānquándài.
[例] 请系好安全带。
【航空機内のアナウンス】シートベルトの着用をお願いいたします。

---

xiédài
鞋带
名 靴ひも

Nǐ de xiédài sōng le!
[例] 你的鞋带松了！
靴ひもがほどけているよ！

(衣服などを)数えるときによく使う単語

Jiàn
01 **件** 量 ▶ **～着** (衣服などを数える)

tiáo
02 **条** 量 ▶ **～着、～本** (ズボンやスカート、ベルト、ネクタイ、マフラーなどを数える)

shuāng
03 **双** 量 ▶ **～足** (靴や靴下、箸など、左右、対をなしているものを数える。特に身体の部位〔手、足〕を数えることが多い)

zhī
04 **只** 量 ▶ **～の片方** (対になっているものの一方を数える)、**～つ** (腕時計や指輪などを数える)

fù
05 **副** 量 ▶ **～本、～対** (メガネや手袋、マスクなどを数える)

dǐng
06 **顶** 量 ▶ **～つ** (帽子などを数える)

衣服や小物にまつわる単語

chuān
07 **穿** 動 ▶ (穴に) **通す→** (衣類を) **着る、はく**

chuānshang
08 **穿上** 動補 ▶ **身につける**

身につける場合には方向補語“上”の抽象的用法(ぴったりくっつくイメージ)、体から離す場合には方向補語“下”の抽象的用法(とりはずす、離れるイメージ)との相性がよい。

chuānqi//·lái

09 **穿起来** 動補 ▶ はいてみると

tuō

10 **脱** 動 ▶ (衣類や靴などを) 脱ぐ

tuōxia

11 **脱下** 動補 ▶ (衣類や靴などを) 脱ぐ

jì

12 **系** 動 ▶ (ひもやネクタイなどを) 結ぶ、(帯やベルトなどを) 締める

jìhǎo

13 **系好** 動補 ▶ (ひもや帯を) しっかりと結ぶ、しっかりと締める

jiěkāi

14 **解开** 動 ▶ (ひもやネクタイなどを) ほどく、(帯やベルトなど) をはずす

wéi

15 **围** 動 ▶ 囲む、とりまく

wéishang

16 **围上** 動補 ▶ 巻きつける、とりつける

dài
17 **戴** 動 ▶ （帽子などを）**頭の上にかぶる、**（手袋やアクセサリーを）**身につける、**（マスクなどを）**つける、**（メガネを）**かける**

zhāi
18 **摘** 動 ▶ （帽子などを）**とる、**（メガネなどを）**はずす**

wàzi
19 **袜子** 名 ▶ 靴下

màozi
20 **帽子** 名 ▶ 帽子

shǒutào
21 **手套** 名 ▶ 手袋

kǒuzhào
22 **口罩** 名 ▶ マスク

yǎnjìng
23 **眼镜** 名 ▶ メガネ

shǒubiǎo
24 **手表** 名 ▶ 腕時計

jièzhi
25 **戒指** 名 ▶ 指輪

第 2 章

「食」にかかわる語源

fàn

饭

名 **ご飯、食事**

zǎofàn

早饭

名 朝食

Zǎofàn、wǔfàn、wǎnfàn, něige gèng zhòngyào?

[例] **早饭、午饭、晚饭，哪个更重要?**

朝食、昼食、夕食、どれがより大事？

▶食事などの回数は"顿dùn"を使って数える。

mǐfàn
米饭
名 ご飯、米の飯、ライス

Zhōngguó nánfāng zhǔyào yǐ mǐfàn wéi zhǔshí.
[例] **中国南方主要以米饭为主食。**
中国の南方は米飯を主食とする。

---

héfàn
盒饭
名 お弁当

Wǔfàn qǐng zì dài héfàn.
[例] **午饭请自带盒饭。**
昼食はお弁当を持参ください。
▶ “盒 hé” は小さいケースや小箱を表す。

---

fànguǎn
饭馆
名 料理店、レストラン、飲食店

Qǐngwèn, zhè fùjìn yǒu méiyǒu fànguǎn?
[例] **请问，这附近有没有饭馆?**
すみません、このあたりにレストランはありますか？

関連語源コラム

ホテルは“饭店 fàndiàn”と言うが、地域によって呼び名や指すものがかなり異なる。“饭馆 fànguǎn”（レストラン）と似ているので間違わないように注意。“酒店 jiǔdiàn”とも言うが、これも「酒屋」の意味ではない。“宾馆 bīnguǎn”とも。

cài

名 野菜、料理、おかず、～料理

Zhōngguó cài

中国菜

名 中国料理、中華料理

Zhè shì Zhōngguó cài háishi Yuènán cài?

[例] **这是中国菜还是越南菜?**

これは中国料理？　それともベトナム料理？

▶国名や地域の名前に“菜”をつけて、「～料理」という意味を表す。料理を表す単語は66ページへ。

語源メモ

「日本料理」と「韓国料理」のみ各言語の直訳で“日本料理 Rìběn liàolǐ”“韩国料理 Hánguó liàolǐ”と言うことが多い。本来の中国語の“料理 liàolǐ”は動詞で、“料理家务 liàolǐ jiāwù”は家事を「きりもりする」や家のことを「取り仕切る」などの意味。

shūcài
蔬菜

名 野菜

Shūcài yào fàngzài bīngxiāng li ma?
[例] 蔬菜要放在冰箱里吗?
野菜は冷蔵庫に入れないといけないの？

▶“野菜yěcài”と言うと山菜（食用可能な野生の植物）を指す。日本語と意味が異なるので注意。

---

càidān
菜单

名 メニュー（表や冊子状のもの）

Fúwùyuán, qǐng bāng wǒ ná yíxià càidān.
[例] 服务员，请帮我拿一下菜单。
（店員に向かって）すみません、メニューを持ってきてもらえませんか。

▶“菜谱càipǔ”はメニューのほか、料理の献立やレシピ本の意味でも使用されることがある。

---

càidāo
菜刀

名 包丁

Càidāo、càibǎn dōu yào bǎochí gānjìng.
[例] 菜刀、菜板都要保持干净。
包丁もまな板も清潔にしておかないといけない。

▶「まな板」は“切菜板qiēcàibǎn”とも言う。

cān
-餐-

付 **料理、食事、食事する**

cānguǎn
餐馆

名 レストラン

Zhèi jiā cānguǎn shēngyi hěn hǎo.
[例] 这家餐馆生意很好。
このレストランは繁盛している。

cāntīng
餐厅
名 レストラン、食堂

Bīnguǎn yǒu liǎng jiā cāntīng.
[例] 宾馆有两家餐厅。
ホテルにはレストランが２軒ある。

---

kuàicān
快餐
名 ファストフード

Kuàicān hěn fāngbiàn, érqiě hěn piányi.
[例] 快餐很方便，而且很便宜。
ファストフードは便利でそれに安い。
▶“快”は「(スピードが) 速い」という意味。

---

tàocān
套餐
名 セットメニュー

Zhèi jiā cāntīng zhǐyǒu tàocān.
[例] 这家餐厅只有套餐。
このレストランにはセットメニューしかない。
▶現在は食事以外の製品やサービスに対しても「セットプラン」の意味で使う。

語源メモ

“中餐zhōngcān”（中国料理、中華料理）に対して“西餐xīcān”（西洋料理、洋食）と言う。“早饭”“午饭”“晚饭”（32ページ）の代わりに“早餐zǎocān”（朝食）、“午餐wǔcān”（昼食）、“晚餐wǎncān”（夕食）と言うこともある。

chī
吃

動 **食べる、(薬を) 飲む、口にする**

繁体字では「喫」と書く。

chī//fàn
吃饭

動 食事する、ご飯を食べる

È le ba? Nǐ xiān chīfàn ba.
[例] 饿了吧？ 你先吃饭吧。
お腹空いたでしょう？ 先に食事にすれば？

chībuliǎo

吃不了

動補 （量が多くて）食べきれない、食べられない

Wǒ chībuliǎo zhème duō.

［例］**我吃不了这么多。**

私こんなに食べられない。

---

chībuguàn

吃不惯

動補 食べ慣れない

Wǒ chībuguàn shēngyúpiàn.

［例］**我吃不惯生鱼片。**

刺身は食べ慣れていない。

---

chī yào

吃药

動目 薬を飲む（服用する）

Nǐ bié wàngle chī yào!

［例］**你别忘了吃药!**

薬を飲むのを忘れないでね！

▶日本語では薬を「飲む」と言うが、中国語では“吃”が基本。

語源メモ

“吃醋 chī//cù”は直訳すると「酢を口にする」という意味だが、特に「やきもちを焼く」「嫉妬する」ことを表す。「酢を飲む」場合には、“喝 hē”という動詞を用いる。

zuò
做
動 作る、する、やる

zuò·fǎ
做法
名 やり方、作り方

Wǒ lái jiāo nǐ zhèngzōng qīngjiāo ròusī de zuòfǎ ba.
[例] 我来教你正宗青椒肉丝的做法吧。
本場のチンジャオロースの作り方を教えてあげるよ。

▶単に"肉"というときは「豚肉」を指すことが多い。"肉丝"は細切り肉を指す。

zuò//fàn

做饭

動 食事を作る、ご飯を作る

Wǒ huì zuòfàn, dàn zuòde hěn màn.

[例] 我会做饭，但做得很慢。

料理はできるけど、作るのに時間がかかる。

---

zuòdào

做到

動補 実行する、やり遂げる

Nǐ zuòdàole wǒ méi néng zuòdào de shì!

[例] 你做到了我没能做到的事！

私ができなかったことを君はやってのけた！

---

zuò//mèng

做梦

動 夢を見る、〈喩〉空想する

Tā zuòmèng dōu xiǎng chī huǒguō.

[例] 他做梦都想吃火锅。

彼は夢に見るほど火鍋を食べたがっている。

---

zuò//kè

做客

動 人を訪問する、客になる

Wǒ xiǎng qǐng nǐ dào wǒ jiā zuòkè.

[例] 我想请你到我家做客。

私の家に招待したいんだけど。

bāo

動 名 **（紙・布などで）包む、包み、バッグ**

bāo jiǎozi

包饺子

動目 餃子を作る

Jīntiān wǒmen yìqǐ bāo jiǎozi chī ba!

［例］**今天我们一起包饺子吃吧！**

今日はみんなで餃子を作って食べよう！

▶餃子を作る過程で包む動作が最も目立つことから、動詞として“包”が使われる。

bāozi

包子

名 バオズ（肉や野菜などの餡が入った饅頭）、中華まん

Nǐ zuì xǐhuan chī shénme xiàn(r) de bāozi?

［例］ **你最喜欢吃什么馅ㄦ的包子？**

一番好きな中華まんの具は何？

---

dǎ//bāo

打包

動（持ち帰るために残った料理を）パックに詰める

Kěyǐ dǎbāo ma?

［例］ **可以打包吗？**

（残った料理を）持ち帰りできますか？

▶ 日本ではお店で食べ残した料理を持ち帰りできないレストランが多いが、中国の多くのレストランは持ち帰りが可能。「テイクアウト」は“带走 dàizǒu”。

---

bāokuò

包括

動 ～を含む、含める

Fángfèi bāokuò zǎocān hé wǎncān.

［例］ **房费包括早餐和晚餐。**

宿泊料金には朝食と夕食が含まれている。

語源メモ

名詞としての“包”は「カバン」「バッグ」の意味で、“书包 shūbāo”は主に「学生用のカバン」、“背包 bēibāo”は「リュック」、“皮包 píbāo”は「革製のバッグ」を指す。

chǎo

動（料理を）炒める、煎る

chǎo//fàn, chǎofàn

炒饭

動 名 ご飯を油で炒める、チャーハン

Wǒ tèbié ài chī shíjǐn chǎofàn.

[例] **我特别爱吃什锦炒饭。**

私は特に五目チャーハンが大好きだ。

語源メモ

調理方法には“炒”のほか、“煎 jiān”（焼く）、“烤 kǎo”（あぶる）、“蒸 zhēng”（蒸す・ふかす）、“煮 zhǔ”（煮る・ゆでる）、“炸 zhá”（揚げる）がある。

chǎo//miàn, chǎomiàn

炒面

動 名 麺を油で炒める、焼きそば

Chǎomiàn shì xiān fàng ròu háishi xiān fàng cài?

[例] **炒面是先放肉还是先放菜?**

焼きそばは肉と野菜、どちらを先に入れるの?

---

chǎoguō

炒锅

名 中華鍋

Chǎoguō kěyǐ yònglái chǎofàn、chǎocài.

[例] **炒锅可以用来炒饭、炒菜。**

中華鍋はご飯や野菜を炒めるのに使える。

---

chǎo lěngfàn

炒冷饭

慣 二番煎じを出す、話を繰り返し言う

Nèixiē chǎo lěngfàn de xiǎoshuō, wǒ kànnì le.

[例] **那些炒冷饭的小说，我看腻了。**

ああいう二番煎じの小説は読み飽きたよ。

▶直訳は「冷や飯を炒める（温め直す）」という意味だが、慣用語として使われることが多い。

語源メモ

“炒鱿鱼chǎo yóuyú”は字義通りには「イカを炒める」だが、方言で「解雇する」という意味があり、全国的にこの表現が広まって「クビになる」ことを表す。

diǎn

動 しるしを書き入れる→（点をつけて）指摘する、指定する

diǎn//cài

点菜

動 料理を注文する

Jiějie lái diǎncài ba!

［例］ **姐姐来点菜吧！**

お姉ちゃんが料理を注文してよ。

▶“我点了一份牛肉面。Wǒ diǎnle yí fèn niúròu miàn.”（僕は牛肉麺を注文した。）のように必ずしも“菜”をつけなくてもよい。

diǎn//míng

点名

動 指名する、出席をとる、点呼をとる

Wǒ érzi diǎnmíng yào chī xiājiǎo.

[例] **我儿子点名要吃虾饺。**

息子からエビ餃子を食べたいというリクエストがあった。

▶授業などで学生の名前を呼んで出欠をとる意味にも使われる。

---

diǎn//huǒ

点火

動 火をつける

Kuài gěi dàngāo shang de làzhú diǎnhuǒ ba.

[例] **快给蛋糕上的蜡烛点火吧。**

早くケーキのロウソクに火をつけて。

---

diǎnjī

点击

動 クリックする（コンピューター用語）

Yì diǎnjī píngmù, jiù kěyǐ diǎncài le.

[例] **一点击屏幕，就可以点菜了。**

画面をタップすると、料理を注文することができます。

関連語源コラム

“画龙点睛 huà lóng diǎn jīng”＝画竜点睛（がりょうてんせい）。竜の絵を描いて、仕上げに瞳を入れる→最後の仕上げ（をする）という意味。日本でも有名な成語で、現代中国語でもよく使用される。

chá

茶

名 （植物としての）茶、（飲料としての）茶

yǐn//chá

饮茶

動 お茶を飲む、ヤムチャ

Bùtóng guójiā de yǐnchá xíguàn dōu bù xiāngtóng.

［例］ 不同国家的饮茶习惯都不相同。

国によってお茶を飲む習慣が異なる。

語源メモ

「お茶を飲む」は話し言葉では“喝茶hē chá”という。“饮茶”はややかたい表現。このように日本語で常用する動詞が、現代中国語では書き言葉的になる現象はほかにもよく見られる（その逆もある）。

chāyè
茶叶
名 茶葉

Cháyè de zhǒnglèi fēicháng duō.
[例] 茶叶的种类非常多。
茶葉の種類は非常に多い。

---

hóngchá
红茶
名 紅茶

Nǐ hē hóngchá háishi hē kāfēi?
[例] 你喝红茶还是喝咖啡?
紅茶を飲む？　それともコーヒーにする？

よく飲まれる茶の種類を表す単語は67ページへ。

---

nǎichá
奶茶
名 ミルクを入れたお茶

Zhēnzhū nǎichá zài Rìběn yě hěn shòu huānyíng.
[例] 珍珠奶茶在日本也很受欢迎。
タピオカミルクティーは日本でも人気がある。

▶ “珍珠”は「真珠」のこと。

---

qī chá
沏茶
動目 お茶を入れる

Gěi kèrén qī chá, zhǐ néng qīshang bàn bēi.
[例] 给客人沏茶，只能沏上半杯。
お客さんにお茶を入れるときは、コップの半分までしか入れてはいけない。

▶ “倒茶 dào chá”（125ページ）とも。“沏”が「熱いお湯を注ぐ・かける」という意味なのに対し、“倒”は「急須などを傾ける」動作を示す。

jiǔ

酒

名 **酒**

pījiǔ

啤酒

名 ビール（"啤" は英語のbeerの音訳）

Xiàtiān hē píjiǔ zuì shuǎng.

［例］**夏天喝啤酒最爽。**

夏に飲むビールは最高だ。

よく飲まれる酒を表す単語は68ページへ。

語源メモ

"酒吧jiǔbā" で「バー（飲酒可能なお店）」を表す。"吧bā" は英語のbarの音訳。ここから発展し、「ネットカフェ」を "网吧wǎngbā" などとも呼ぶ。

pútaojiǔ
葡萄酒

名 ワイン

Chángjiàn de pútáojiǔ dōu shì qībǎi wǔshí háoshēng yì píng.
[例] **常见的葡萄酒都是750毫升一瓶。**
よく見かけるワインは１本750ミリリットルだ。

---

hóngjiǔ (hóng pútaojiǔ)
红酒（红葡萄酒）

名 赤ワイン

Hóngjiǔ shì hóng pútáojiǔ de jiǎnchēng.
[例] **红酒是红葡萄酒的简称。**
赤酒は赤ワイン（赤葡萄酒）の略です。

▸ "白葡萄酒 bái pútáojiǔ" は "白酒 báijiǔ" とは言わない（理由は次の見出し語を参照）。

---

báijiǔ
白酒

名 バイチュウ（蒸留酒の総称）

Báijiǔ de jiǔjīng dùshù dōu shì wǔshí dù zuǒyòu.
[例] **白酒的酒精度数都是50度左右。**
バイチュウのアルコール度数は50度前後だ。

関連語源コラム

結婚披露宴の席でふるまう酒を "喜酒 xǐjiǔ"、招待客に配る飴を "喜糖 xǐtáng" と言う。「結婚する」「披露宴を開く」の比喩として使われることも多い。
[例]
"你们什么时候请我喝喜酒? Nǐmen shénme shíhou qǐng wǒ hē xǐjiǔ?"（二人はいつ結婚の祝い酒を飲ませてくれるの？）
"到时别忘了请我吃喜糖！ dàoshí bié wàngle qǐng wǒ chī xǐtáng!"（その節には結婚のお祝いの飴を必ずごちそうしてね！）

-wèi-

-味-

付 **味、におい**

wèi·dào

味道

名 **味、におい、味わい**

Nǐmen chángchang, wèidào búcuò!

[例] **你们尝尝，味道不错！**

ちょっと食べてみて、美味しいよ！

▶北方では“味儿wèir”と言うことが多い。

fēngwèi
风味
名 味わい、特色（多くは地方の特色）

Zhōngqiūjié kěyǐ chīdào gèzhǒng fēngwèi de yuèbing.
[例] **中秋节可以吃到各种风味的月饼。**
中秋節にはいろいろな味の月餅が食べられる。

---

kǒuwèi
口味
名（食べ物の）味、（食べ物などに対する）嗜好、好み

Bù zhīdào hé bu hé nǐ de kǒuwèi.
[例] **不知道合不合你的口味。**
お口に合うかどうかわかりませんが。

---

xiāngwèi
香味
名 よい香り

Chéngshú de guā xiāngwèi hěn nóng.
[例] **成熟的瓜香味很浓。**
完熟メロンは香りが強い。
▶反対に、くさい臭いは“臭味chòuwèi”と言う。

語源メモ

“味道”“味儿”は味覚だけでなく、嗅覚に訴えるものも指すのが日本の「味（あじ）」と大きく異なる点。ちなみに豆腐を発酵させて作った“臭豆腐chòudòufu”（チョウドウフ）や“榴莲liúlián”（ドリアン）など、臭いものもかなり好まれている。

形 酸っぱい、(体が)だるい

suānnǎi
酸奶

名 ヨーグルト

Wǒ měitiān zǎoshang dōu hē suānnǎi.
[例] **我每天早上都喝酸奶。**
私は毎朝ヨーグルトを飲む。

▶中国ではもともと飲料としてのヨーグルトが多かった。

fāsuān
发酸
動 （食べ物が悪くなり）酸っぱくなる、腐る

Niúnǎi fāsuān le, hái néng hē ma?
[例] **牛奶发酸了，还能喝吗?**
牛乳が酸っぱくなっても、まだ飲める？

---

suān-tián-kǔ-là
酸甜苦辣
成 酸っぱい・甘い・苦い・辛いのあらゆる味、〈慣〉さまざまな経験、この世の辛酸

Suān tián kǔ là wǒ dōu chángjìn le.
[例] **酸甜苦辣我都尝尽了。**
私は酸いも甘いもすべて味わった。

---

suānwèi
酸味
名 酸っぱい味、酸味

Jīntiān hē de kāfēi suānwèi bǐjiào zhòng.
[例] **今天喝的咖啡酸味比较重。**
今日飲んだコーヒーは、酸味がけっこう強かった。

---

suāncài
酸菜
名 白菜などを発酵させて酸味を効かせた漬物

Wǒ cónglái méi chīguo Dōngběi suāncài.
[例] **我从来没吃过东北酸菜。**
今まで東北サンツァイを食べたことがない。

▶ 中国東北部で冬によく作られる。

tián

形 **甘い**

Zhèige xīguā zhēnde hǎo tián!

[例] **这个西瓜真的好甜!**

このスイカ本当に甘い！

tiánměi

甜美

形 甘くておいしい

Zhèige shíhou de píngguǒ tiánměi duōzhī.

[例] **这个时候的苹果甜美多汁。**

この時期のりんごは甘くてジューシーだ。

▸“甜美的梦 tiánměi de mèng”（心地よい夢）、“甜美的生活 tiánměi de shēnghuó”（楽しい生活）のように、抽象的な意味で使われることも多い。

tiánpǐn

甜品

名 甘い食品、デザート

Fànhòu zài lái diǎn(r) tiánpǐn ba.

[例] 饭后再来点儿甜品吧。

食後にデザートを注文しよう。

---

tiánmì

甜蜜

形 甘ったるい、楽しい、幸せな

Wǒ wàngbuliǎo tā nà tiánmì de xiàoliǎn.

[例] 我忘不了她那甜蜜的笑脸。

彼女の優しい笑顔が忘れられない。

---

tián yán-mì yǔ

甜言蜜语

成 うまい言葉、甘い言葉

Búyào xiāngxìn biéren shuō de tián yán mì yǔ.

[例] 不要相信别人说的甜言蜜语。

人が言う甘い言葉を信じてはいけない。

---

tiántou

甜头

名 軽い甘味、うまみ、〈喩〉うまい汁、利益

Dàjiā dōu chángdàole tiántou.

[例] 大家都尝到了甜头。

誰もがうまみを味わった。

kǔ

苦

形 **苦い、苦しい**

xīnkǔ

辛苦

形 動 苦しい、苦労をかける

Zuìjìn wǒ lián zhāngzuǐ chīfàn dōu juéde xīnkǔ.

[例] **最近我连张嘴吃饭都觉得辛苦。**

最近は食べるためにロを開けることすら難しい。

▶目上の人に対するねぎらいの言葉として“辛苦了！Xīnkǔ le!”（お疲れさまです！）のようにも使う。

kŭguā
苦瓜
名 ニガウリ、ゴーヤ

Chǎohǎo de kŭguā tài kŭ, zěnme bàn?
[例] 炒好的苦瓜太苦，怎么办?
炒めた後のゴーヤがすっごく苦いんだけど、どうしよう。

---

tòngkŭ
痛苦
形 ひどく苦しい、苦痛である、苦しい

Jiéshí jiǎnféi zhēnshi tài tòngkŭ le!
[例] 节食减肥真是太痛苦了!
食事制限によるダイエットはあまりにきつい。

---

chóu méi-kŭ liǎn
愁眉苦脸
成 心配そうな顔をする、浮かない顔をする

Tā zhǐ chīle yì kǒu, jiù chóu méi kŭ liǎn.
[例] 她只吃了一口，就愁眉苦脸。
彼女は一口食べただけで、浮かぬ顔をした。

---

chī//kŭ
吃苦
動 苦労する、苦しみに耐える

Tā shì bú pà chīkŭ de rén.
[例] 他是不怕吃苦的人。
彼は苦労を恐れない人だ。

là
辣

形 辛い、(辛さが口・鼻・目などを)刺激する、ぴりっとする(唐辛子の辛さを表す)

làjiāo
辣椒

名 唐辛子

Jīntiān de làjiāo zěnme zhème là a!
[例] **今天的辣椒怎么这么辣啊!**
今日の唐辛子はなんでこんなに辛いの!?

語源メモ

唐辛子を使った調味料には"辣椒"のほか、"辣酱 làjiàng"(唐辛子味噌、チリソース)、"辣油 làyóu"(ラー油)などがある。重慶・四川・湖南など、辛い物を好む地方の元気で活発な女の子のことを俗に"辣妹子 làmèizi"と言う。

suānlà
酸辣
形 酸っぱくて辛い

Zhèi wǎn suānlàtāng yòu suān yòu là, zhēn guòyǐn.
[例] **这碗酸辣汤又酸又辣，真过瘾。**
このサンラータンは酸っぱくて辛くて、ホント、やみつきになる。
▶“酸辣汤”は文字通り酸っぱくて辛いスープ。

語源メモ

同じ「辛い」でも、「塩辛い」「しょっぱい」場合は、“咸 xián”という形容詞を用いる。
[例] 盐放多了吧？ 菜太咸了。Yán fàngduō le ba? Cài tài xián le.
（塩を入れすぎたんじゃない？ 料理がしょっぱすぎるよ。）

má

麻

形 **しびれる、感覚がなくなる（山椒のような舌がぴりぴりする辛さを表す）**

Guìzhe chīfàn, tuǐ bú huì má ma?

[例] 跪着吃饭，腿不会麻吗?

正座で食事するなんて、足、しびれないの？

málà

麻辣

形 舌がひりひりしびれるように辛い（唐辛子と山椒を混ぜたような感覚の辛さを表す）

Zhèi dào Chuāncài yìdiǎn(r) málà wèi(r) dōu méiyǒu.

［例］**这道川菜一点儿麻辣味儿都没有。**

この四川料理はちっともしびれるような辛さがない。

---

fāmá

发麻

動 しびれる、〈転〉（気味が悪くて）ぞっとする

Dōngtiān chī bīngjīlíng, huì dòngde fāmá.

［例］**冬天吃冰激凌，会冻得发麻。**

冬にアイスクリームを食べると、体が冷えてぞくぞくするよ。

---

mámù

麻木

形 感覚が麻痺する、しびれる

Hē jiǔ hòu, gǎnjué shǒujiǎo mámù.

［例］**喝酒后，感觉手脚麻木。**

お酒を飲んだ後、手足が麻痺する感じがした。

---

ròumá

肉麻

形 皮膚が麻痺する感じの、しびれるような、いやらしい

Tā de huà ràng rén ròumá.

［例］**他的话让人肉麻。**

あいつの話に虫酸（むしず）が走った。

▶セクハラ発言などに対して使うことが多い。

hǎo-
好-

付 **姿・形・音・味・感じなどがよい**

すでに単語化した常用表現など、ほかの動詞とも結びついて「使いやすさ」「心地よさ」を表すことができる。

hǎochī
好吃

形 **（食べ物が）おいしい**

Yéye zhǔ de cháyèdàn zhēn hǎochī!
［例］**爷爷煮的茶叶蛋真好吃！**
おじいちゃんの作る茶葉の煮卵、ホントにおいしい！

hǎohē

好喝

形 (飲み物が) おいしい

Zhèige guǒzhī tǐng hǎohē de.

[例] **这个果汁挺好喝的。**

このジュース、すっごくおいしい。

飲み物を表す単語は71ページへ。

---

hǎowén

好闻

形 (鼻でかいで) いいにおいだ

Shénme wèidào zhème hǎowén?

[例] **什么味道这么好闻?**

こんなにいいにおいって、なんのにおい?

▶ 料理などには"香 xiāng"を使うことが多い。

---

hǎokàn

好看

形 見た目よい、(目で見て) きれいだ

Hǎokàn de bùy ídìng hǎochī.

[例] **好看的不一定好吃。**

見た目のいいものがおいしいとは限らない。

---

hǎowán(r)

好玩儿

形 面白い

Zài jiā zìjǐ zhòng cài zhēn hǎowán(r)!

[例] **在家自己种菜真好玩儿!**

家で野菜を育てるのはホントに面白い。

料理を表す単語

Rìběn cài
01 **日本菜** 名 ▶ 日本料理

Hánguó cài
02 **韩国菜** 名 ▶ 韓国料理

Yuènán cài
03 **越南菜** 名 ▶ ベトナム料理

Fǎguó cài
04 **法国菜** 名 ▶ フランス料理

Sìchuān cài
05 **四川菜** 名 ▶ 四川料理

Guǎngdōng cài
06 **广东菜** 名 ▶ 広東料理

Běijīng cài
07 **北京菜** 名 ▶ 北京料理

Shànghǎi cài
08 **上海菜** 名 ▶ 上海料理

jiācháng cài
09 家常菜 名 ▶ 家庭料理

náshǒu cài
10 拿手菜 名 ▶ 得意料理

zhāopái cài
11 招牌菜 名 ▶ （店の）看板料理

よく飲まれる茶の種類を表す単語

lǜchá
12 绿茶 名 ▶ 緑茶（日本の緑茶とは味も製法も大きく異なるロンジン茶が有名）

lóngjǐng chá
13 龙井茶 名 ▶ ロンジン茶

huāchá
14 花茶 名 ▶ 花の香りをつけた茶（ジャスミン茶などが有名）

mòlì huāchá
15 茉莉花茶 名 ▶ ジャスミン茶

wūlóngchá
16 乌龙茶 名 ▶ ウーロン茶（鉄観音などが有名）

tiěguānyīn
17 **铁观音** 名 ▶ 鉄観音

pǔ'ěrchá
18 **普洱茶** 名 ▶ プーアル茶

júhuāchá
19 **菊花茶** 名 ▶ 菊の花茶

よく飲まれる酒を表す単語

máotáijiǔ
20 **茅台酒** 名 ▶ マオタイ酒（バイチュウを代表する酒）

huángjiǔ
21 **黄酒** 名 ▶ 醸造酒

shàoxīngjiǔ
22 **绍兴酒** 名 ▶ 紹興酒（醸造酒を代表する酒）

jīwěijiǔ
23 **鸡尾酒** 名 ▶ カクテル（"鸡尾"は英語のcocktailをcockとtailに分けて直訳したもの）

食べ物を表す単語

shíwù
24 **食物** 名 ▶ 食べ物

---

mǐ
25 **米** 名 ▶ 米

---

miànbāo
26 **面包** 名 ▶ パン

---

miàn
27 **面** 名 ▶ **麺類**（南方でよく使用される）

---

miàntiáo(r)
28 **面条儿** 名 ▶ **麺類**（北方でよく使用される）

---

jiǎozi
29 **饺子** 名 ▶ **餃子**（ふつうは水餃子を指す）

---

zhōu
30 **粥** 名 ▶ **かゆ**（生の穀物を長時間煮込んだものを"粥"と言い、一度炊いた飯を煮たものは、北方では"稀饭 xīfàn"、南方では"泡饭 pàofàn"と言う）

---

tāng
31 **汤** 名 ▶ スープ

32 鱼 yú 名 ▶ 魚

33 肉 ròu 名 ▶ 肉

34 猪肉 zhūròu 名 ▶ 豚肉

35 牛肉 niúròu 名 ▶ 牛肉

36 鸡肉 jīròu 名 ▶ 鶏肉、チキン

37 烤肉 kǎoròu 名 ▶ 焼き肉

38 烤鸭 kǎoyā 名 ▶ ローストダック、アヒルの丸焼き

39 鸡蛋 jīdàn 名 ▶ （ニワトリの）卵

飲み物を表す単語

40 yǐnliào
饮料 名 ▶ 飲料

41 kuàngquánshuǐ
矿泉水 名 ▶ ミネラルウォーター

42 guǒzhī
果汁 名 ▶ 果汁、ジュース

43 chéngzhī
橙汁 名 ▶ オレンジジュース

44 kāfēi
咖啡 名 ▶ コーヒー

食器にまつわる単語

45 cānjù
餐具 名 ▶ 食器

46 wǎn
碗 名 ▶ 食べ物を盛る器具、碗、鉢

47 fànwǎn
饭碗 名 ▶ 飯茶碗

diézi
48 碟子 名 ▶ 小皿

pánzi
49 盘子 名 ▶ 大皿

bēizi
50 杯子 名 ▶ コップ

kuàizi
51 筷子 名 ▶ 箸

sháo(zi)
52 勺(子) 名 ▶ スプーン

chāzi
53 叉子 名 ▶ フォーク

tiáogēng
54 调羹 名 ▶ ちりれんげ

dāo
55 刀 名 ▶ 刀、刃物、ナイフ

第3章

「住」にかかわる語源

- 「お金・買い物」にまつわる
- 「一日の生活」にまつわる
- 「病気・けが・災害」にまつわる

mǎi

動 買う（金銭を商品などと交換し、商品を受け取る）

Wǒ mǎile yí jiàn xīn yīfu.

［例］**我买了一件新衣服。**

私は新しい服を買った。

▶“买到mǎidào”（お金を払って入手する）、“买错mǎicuò”（買い間違える、間違って買う）などのように使用することも多い。

関連語源コラム

日本は「２個買うと10%オフ！」「２台同時購入で３割引！」のようなセールスのしかたが多いが、中国語圏では“买一送一mǎi yī sòng yī”（１つ買ったら１つサービス）のような売り方がよくある。

mǎi dōngxi

买东西

動目 買い物する

Xīngqī tiān wǒmen yìqǐ qù mǎi dōngxi ba.

[例] **星期天我们一起去买东西吧。**

日曜日、一緒に買い物に行こうよ。

▶"东西"はdōngxiと読むと「もの」、dōngxīと読むと方角の「東西」の意。

---

mǎimai

买卖

名 商売、商い、ビジネス

Zuò mǎimai yě bù róngyì.

[例] **做买卖也不容易。**

商売をするのも大変だ。

▶日本語の「売買」(売る＋買う)に対し、中国語は「買う＋売る」の語順。

---

mǎi//dān

买单

動 (口)(飲食店で食事をした後などに)会計する

Fúwùyuán, mǎidān!

[例] **服务员，买单！**

店員さん、お勘定お願いします！

mài

卖

動 **売る（金銭を商品などと交換し、商品を渡す）**

wàimài

外卖

動 名 （料理などを）宅配する、持ち帰りで売る、テイクアウト

Wǔfàn jiào wàimài ba.

［例］午饭叫外卖吧。

昼食は出前を頼もう。

zhuānmàidiàn

专卖店

名 専門店、フランチャイズ加盟店

Wǒ jiā fùjìn xīn kāile yì jiā zhuānmàidiàn.

[例] **我家附近新开了一家专卖店。**

自宅近くに専門店が新規オープンした。

---

xiǎomàibù

小卖部

名 売店、購買部

Xiàoyuán nèi yǒu liǎng jiā xiǎomàibù.

[例] **校园内有两家小卖部。**

キャンパス内に2カ所、購買部がある。

---

chūmài

出卖

動 売る、売り出す→裏切る、売り渡す

Chūmài gōngsī jīmì shì fànzuì!

[例] **出卖公司机密是犯罪!**

企業機密を売るのは犯罪だ!

▸「(家などを) 売りに出す」の意味でも使用されるが、現在は比喩的に使用されることのほうが多い。

関連語源コラム

“老王卖瓜 (,自卖自夸) lǎowáng mài guā (, zì mài zì kuā)”は直訳すると、「王さんが瓜を売る」という意味だが、売り手は基本的に自分の商品をいいものだと言うことから、「自画自賛、手前味噌」を意味する。中国語では前のたとえの部分だけを謎かけのように言って表現する言葉遊びである“歇后语 xiēhòuyǔ” (しゃれ言葉) がよく使用される。

qián
钱

名 **お金**

língqián
零钱

名 小銭

Méiyǒu dài língqián yǒushí hěn bù fāngbiàn.
[例] **没有带零钱有时很不方便。**
小銭を持っていないと不便なこともある。

▶▶▶ 関連語句

「こづかい」は“零用钱língyòngqián”“零花钱línghuāqián”、「へそくり」は“私房钱sīfangqián”、「お年玉」は“压岁钱yāsuìqián”と言う。

qiánbāo

钱包

名 財布

Wú xiànjīn shídài, hái yào dài qiánbāo ma?

[例] 无现金时代，还要带钱包吗？

キャッシュレス時代に財布を持つ必要はあるのか？

---

duōshao qián

多少钱

疑 いくら？

Píngguǒ duōshao qián yì jīn?

[例] 苹果多少钱一斤？

リンゴ、一斤いくらですか？

▶ "斤 jīn" は重さの単位（1斤＝500g）で現在でもよく使用される。"公斤 gōngjīn" は kg を表す。

---

zhèng//qián

挣钱

動 お金を稼ぐ

Tā pīnmìng gōngzuò zhèngqián gōng háizi shàng dàxué.

[例] 她拼命工作挣钱供孩子上大学。

子どもを大学に通わせるため、彼女は必死で働いた。

---

zhuàn//qián

赚钱

動 お金を儲ける

Hàochēng néng qīngsōng zhuànqián de dōu shì piànrén de.

[例] 号称能轻松赚钱的都是骗人的。

簡単に儲かるとうたうものは全部、詐欺だ。

fèi

费

動 名 **（金銭・労力・時間などが）余計にかかる、費やす、料金**

Qǐng lǜshī bùjǐn fèi qián hái fèi shíjiān.

［例］ 请律师不仅费钱还费时间。

弁護士をお願いするのはコストがかかるだけでなく時間もかかる。

huāfèi

花费

動 **費やす**

Jǐnliàng búyào luàn huāfèi!

［例］ 尽量不要乱花费！

お金の使いすぎに注意しなさい！

▶“花 huā”は単独で名詞の「花」のほか、お金や時間、心血などを「使う」「費やす」という動詞としても使われる。

fèi·yòng

费用

名 費用

Zhèli de shēnghuó fèiyong tài gāo le.

［例］ **这里的生活费用太高了。**

ここの生活費は高すぎる。

費用を表す単語は185ページへ。

---

làngfèi

浪费

動 無駄遣いをする

Làngfèi shíjiān bù yídìng děngyú làngfèi shēngmìng.

［例］ **浪费时间不一定等于浪费生命。**

時間を無駄にすることイコール人生を無駄にすることとは限らない。

---

shǒuxùfèi

手续费

名 手数料

Shǒuxùfèi xūyào yìbǎi yīshí rìyuán（hán shuì）.

［例］ **手续费需要110日元（含税）。**

手数料は110円（税込み）です。

▶▶▶ 関連語句

"年费 niánfèi" で「年会費」、"入会费 rùhuìfèi" で「入会金」の意。

shěng

動 節約する、倹約する、省く

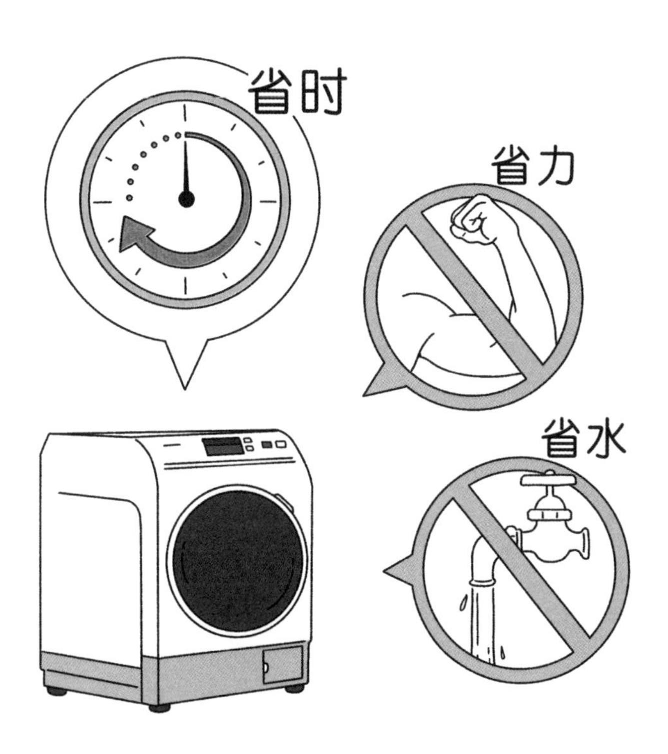

shěngshí
省时

動 時間がかからない

Zhèiyàng bùjǐn shěngshí、shěng lì, hái shěng shuǐ.
［例］**这样不仅省时、省力，还省水。**
こうすると時間や労力の節約になるだけでなく、水の節約にもなる。

shěng//qián

省钱

動 節約する

Néng shěng diǎn(r) qián, jiù shěng diǎn(r) ba.

[例] 能省点儿钱，就省点儿吧。

節約できるものは、すべて節約しなさい。

---

shěng//shì

省事

動 形 手数を省く、手数がかからない

Zhèi zhǒng fāngfǎ jiǎndān fāngbiàn hái shěngshì!

[例] 这种方法简单方便还省事！

こういったやり方は簡単で便利、それに手間が省ける。

---

jiéshěng

节省

動 節約する、倹約する、切り詰める

Zhè bú shì jiéshěng shíjiān, ér shì làngfèi shíjiān.

[例] 这不是节省时间，而是浪费时间。

それじゃ時間の節約どころか、時間の無駄だ。

---

shěnglüè

省略

動 省略する、省く

Rìyǔ jīngcháng shěnglüè zhǔyǔ.

[例] 日语经常省略主语。

日本語は主語を省略することが多い。

fù

付

動 お金を払う、支出する

fù//fèi

付费

動目 料金・費用を支払う

Shì xiān fùfèi, háishi hòu fùfèi?

［例］**是先付费，还是后付费？**

先払いですか、後払いですか？

▶“一次付清 yí cì fùqīng”（一括払いをする）のように、支払いを完全に済ませることを“付清”と言う。

fù//kuǎn

付款

動 お金を支払う

Nín kěyǐ xuǎnzé gèzhǒng fùkuǎn fāngshì.

［例］ **您可以选择各种付款方式。**

さまざまな支払い方法が選択可能です。

▶ “付钱 fù qián” とも。“款” は名詞としては「費用」「お金」の意味で、“钱”（78ページ）よりも少しかたい表現。

---

zhīfù

支付

動（お金を）支払う、給付する

Zhèige chǎnpǐn zhǐ zhīchí zàixiàn zhīfù.

［例］ **这个产品只支持在线支付。**

この製品はオンライン決済のみに対応している。

語源メモ

“付出现金 fùchū xiànjīn”（現金を支払う）と言うこともあるが、多くは“付出代价 fùchū dàijià”（代価を払う）などのように、抽象的な意味で使用される。

［例］ Nǐ fùchū duōshao, jiù néng shōuhuò duōshao.

你付出多少，就能收获多少。

頑張ったぶん、収穫がある。

jiāo

動 （物を関係先に）引き渡す、納める

jiāo fèi

交费

動目 お金を納める（“缴费 jiǎo fèi” とも）

Yídàn jiāo fèi jiù bù néng tuì kuǎn.

［例］ **一旦交费就不能退款。**

一度お支払いいただいた後は返金できません。

▶“交学费 jiāo xuéfèi” で「学費を納める」。

jiāodài
交代
動 (仕事などの) 引き継ぎを行う、詳しく説明する

Bǎoxiūqī yào xiàng gùkè jiāodàiqīngchu.
[例] **保修期要向顾客交代清楚。**
保証期間については、お客様に明確に説明する必要がある。

---

jiāogěi
交给
動 ～に手渡す

Wǒ de gōngzī dōu jiāogěi lǎopo le.
[例] **我的工资都交给老婆了。**
給料は全部、妻に渡した。

---

jiāoyì
交易
動 名 交易する、取引する、取引、商売

Wǒmen zhèngzài zuò yì bǐ jiāoyì.
[例] **我们正在做一笔交易。**
我々はちょうど取引を１つ行っているところだ。

---

tíjiāo
提交
動 提出する

Xiān tíjiāo dìngdān, ránhòu xuǎnzé zhīfù fāngshì.
[例] **先提交订单，然后选择支付方式。**
まず注文書を送り、それから支払い方法を選択します。

jiǎo
缴

動 （義務として）納める

「義務として」というニュアンスが強く、“缴税 jiǎoshuì”（納税する）などは主に公的機関へ納めることを言い、強制力も強い。

jiǎo fèi
缴费

動目 費用を納める

Rújīn, shuǐ diàn qì dōu kěyǐ wǎngshàng jiǎo fèi.
［例］**如今，水电气都可以网上缴费。**
今は水道、電気、ガス、すべてオンラインで支払うことができる。

jiǎo//shuì
缴税
動 納税する

Zhīqián wǒ jiǎoguo shuì le, zěnme hái yào bǔ shuì?
[例] **之前我缴过税了，怎么还要补税？**
以前納税を済ませたはずなのに、なぜまた追徴課税があるわけ？

---

jiǎonà
缴纳
動 納める

Dānwèi bù gěi zhígōng jiǎonà shèbǎo shì wéifǎ de.
[例] **单位不给职工缴纳社保是违法的。**
会社が従業員のために社会保険料を納めないことは違法だ。

▸ "交纳 jiāonà"、"缴付 jiǎofù"（納付する）とも。

cún

存

動 **保存する、蓄える、貯蓄する**

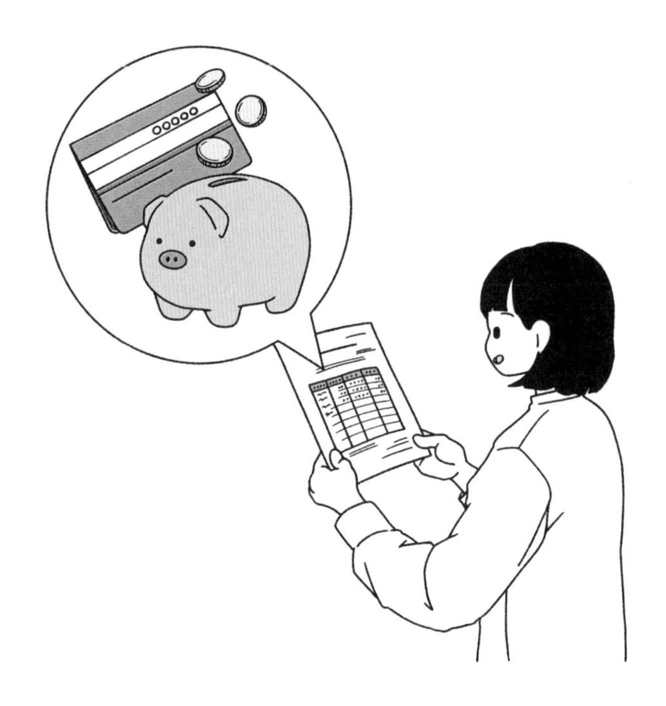

cún//kuǎn

存款

動 名 **お金を貯める、預ける、預金する、預金**

Bàn qiānzhèng shí, yào cúnkuǎn zhèngmíng.

[例] **办签证时，要存款证明。**

ビザ（査証）を取得する際、預金残高証明書が必要です。

▶“存折 cúnzhé”で「預金通帳」。

bǎocún
保存
動 保存する、残す、セーブする

Zhèi zhǒng jiù zhǐbì yídìng yào hǎohāo(r) bǎocún!
[例] 这种旧纸币一定要好好ル保存！
この旧紙幣は必ず大切に保管してね！

---

chǔcún
储存
動 貯蔵する、貯蓄する、（お金や物を）預ける

Jiāli yào chǔcún yìxiē shēnghuó bìxūpǐn.
[例] 家里要储存一些生活必需品。
自宅に生活必需品をいくらか蓄えておく必要がある。

---

cúnfàng
存放
動 入れておく、保管する、預ける

Zhèixiē shíwù dōu kěyǐ zài chángwēn xià cúnfàng.
[例] 这些食物都可以在常温下存放。
これらの食品はすべて常温で保存可能だ。

---

jìcún
寄存
動（一時的に）預ける

Jiǔdiàn qiántái bù néng jìcún guìzhòng wùpǐn.
[例] 酒店前台不能寄存贵重物品。
ホテルのフロントでは貴重品はお預かりできません。

▸「手荷物預かり所」は“行李寄存处xíngli jìcúnchù”と言う。

qǔ

動（物をある場所から所有者として）受け取る

qǔ yīfu

取衣服

動目（クリーニング店や裁縫店などで自分の）服を受け取る

Māma ràng wǒ qù bāng tā qǔ yīfu.

［例］妈妈让我去帮她取衣服。

母に頼まれて服を受け取りに行った。

qǔ bāoguǒ

取包裹

動目 （通常は局止めの）荷物を受け取る

Něi jiā biànlìdiàn néng qǔ bāoguǒ?

[例] 哪家便利店能取包裹?

どのコンビニで荷物を受け取ることができるの？

---

qǔkuǎn

取款

動 （銀行から）お金を引き出す

Kuàháng qǔkuǎn shǒuxùfèi sān kuài wǔ yì bǐ.

[例] 跨行取款手续费三块五一笔。

別の銀行で出金する場合の手数料は、1件につき3元5角だ。

▶銀行などのATMのことは"（自动）取款机 (zìdòng) qǔkuǎnjī"と言う。

---

lǐngqǔ

领取

動 受け取る、もらう

Wǒmen yào qù lǐngqǔ xíngli.

[例] 我们要去领取行李。

荷物を受け取りに行かなきゃ。

▶「（空港などの）手荷物受取所」は"行李领取处 xíngli lǐngqǔchù"と言う。

huì

動 （流れが一所に集まる→）
金銭を他所に送る、為替を組む

繁体字では「匯」と書く。

huìkuǎn

汇款

動 送金する、送金為替を組む

Wǒ qù gěi dào Měiguó liúxué de érzi huìkuǎn.

［例］ **我去给到美国留学的儿子汇款。**

アメリカ留学している息子に仕送りする。

▶ “汇钱 huìqián” とも。スマートフォンの決済サービスを用いてお金を送る場合には “转帐 zhuǎnzhàng” と言うことが多い。「為替料、送金手数料」は “汇费 huìfèi” “汇水 huìshuǐ” などと言う。

wàihuì
外汇

名 外国為替、外貨

Huìlǜ shì yóu wàihuì shìchǎng juédìng de.
[例] **汇率是由外汇市场决定的。**
為替レートは外国為替市場で決定される。

---

huìlǜ
汇率

名 為替レート、為替相場

Jīntiān rénmínbì duì rìyuán de huìlǜ duōshao?
[例] **今天人民币对日元的汇率多少?**
今日の人民元と日本円の為替レートはいくら？

語源メモ

“词汇cíhuì”の“汇”は“彙”の簡体字で「集める、まとめる」の意味。1カ所に集められた、まとめられた単語として「語彙」のことを指す。

miǎn

動 **免じる、免除する**

miǎn//shuì

免税

動 免税になる、免税する

Bànlǐ miǎnshuì shǒuxù shí bìxū dài hùzhào.

［例］**办理免税手续时必须带护照。**

免税手続きの際には必ずパスポートをご持参ください。

▶日本語とほぼ同じ意味で使用できるが、中国語では“免税”は「税を免じる」という動詞である点に注意。「免税品」は“免税品miǎnshuìpǐn”。

miǎnfèi
免费
動 無料にする、無料だ

Zhèixiē dōu shì miǎnfèi de.
[例] 这些都是免费的。
これらはすべて無料です。

---

miǎnqiān
免签
動 ビザを免除する

Zhèixiē guójiā dōu kěyǐ miǎnqiān rùjìng.
[例] 这些国家都可以免签入境。
これらの国はすべてノービザ入国が可能です。

---

miǎnpiào
免票
動 名 券・切符がいらない、無料である、無料券、無料パス

Shēngāo yì mǐ sān yǐxià de értóng miǎnpiào.
[例] 身高1米3以下的儿童免票。
身長1.3m（130cm）以下のお子様は無料です。

---

bìmiǎn
避免
動 避ける、免れる、防止する

Jǐnliàng bìmiǎn gòumǎi bú bìyào de dōngxi.
[例] 尽量避免购买不必要的东西。
不要なものをできるだけ買わないようにする。

shōu

動 領収する、受け取る

Yuánjià bābǎi sān, shōu nǐ bābǎi ba.

［例］**原价八百三，收你八百吧。**

元値は830円（元）だけど、800円（元）にしておくよ。

▶“八百三”は“八百三（十）”の最後の“十shí”が省略された形であり、803ではなく、830の意味となるので注意。

shōufèi

收费

動 お金をとる、有料である

Zhèige cèsuǒ shì shōufèi de.

［例］**这个厕所是收费的。**

このトイレは有料です。

▶“免费”（無料だ、97ページ）とペアで覚えておくといい。

shōurù

收入

動 名 受け取る、収める、収入、所得

Wǒ qīzi de shōurù bǐ wǒ gāo hěn duō.

[例] 我妻子的收入比我高很多。

妻の収入は僕よりもずっと多い。

---

shōudào

收到

動補 受け取る、手に入る

Wǒmen shōudào dìngjīn hòu cái suàn yùdìng chénggōng.

[例] 我们收到订金后才算预订成功。

予約金を受け取って初めて予約完了とみなします。

---

shōushi

收拾

動 片づける、整理する

Mǎihuílai de dōngxi dōu shōushihǎo le ma?

[例] 买回来的东西都收拾好了吗?

買ってきたものは全部片づけ終わったの？

---

huíshōu

回收

動（廃品を）回収して利用する、リサイクルする

Sùliào、píng、guàn dōu kěyǐ huíshōu.

[例] 塑料、瓶、罐都可以回收。

プラスチック、ボトル、缶はすべてリサイクル可能だ。

▶中国語では「再利用（リサイクル）」を目的とした回収の意味に重きが置かれる。

-xiāo-

-销-

付（金属が溶ける→消費する→）売る、売り出す

cùxiāo

促销

動 販売を促進する

Zài cùxiāo huódòng qījiān, dōu dǎ liù zhé.

［例］在促销活动期间，都打六折。

キャンペーン期間中は、すべて40%オフになります。

▶“打折 dǎ//zhé”は「割引をする」という意味だが、“打六折”は「40%割引（6掛け）にする」という意味になるので注意。

tuīxiāo
推销
動 販売する、セールスをする

Tuīxiāo chǎnpǐn xūyào kǒucái.
[例] **推销产品需要口才。**
商品を売るには話術が必要だ。

---

xiāoshòu
销售
動（商品を）売る、販売する

Zhèi kuǎn chē zài guónèi méi xiāoshòu.
[例] **这款车在国内没销售。**
この型の車は国内では売られていない。

---

chàngxiāo
畅销
動（商品が）よく売れる、売れ行きがよい、ベストセラーになる

Zhèi kuǎn shì jīnnián dōngtiān zuì chàngxiāo de xuēzi.
[例] **这款是今年冬天最畅销的靴子。**
こちらはこの冬、最も売れているブーツです。

---

kāi·xiāo
开销
動 名 費用を支払う、出費、支払い

Zhèige yuè wǒ kāixiāo hěn dà.
[例] **这个月我开销很大。**
今月は出費が多いなあ。

-shāng-

-商-

付 **相談する、打ち合わせる→商売する、商売、商人**

shāngdiàn

商店

名 店、ショップ

Zhè fùjìn yǒu liǎng jiā shāngdiàn.

［例］ **这附近有两家商店。**

この近くには店が２軒ある。

▶▶▶ 関連語句

「スーパー（マーケット）」は“超市 chāoshì”（“超级市场 chāojí shìchǎng”の略）、「コンビニ（エンスストア）」は“便利店 biànlìdiàn”、「ショッピングプラザ、デパート」は“商场 shāngchǎng”、「ショッピングモール」は“商城 shāngchéng”と言う。

花を見るように君を見る

「泣いた」「心が浄化された」「一生大切にしたい」など、幅広い世代から共感を集め、日本で詩集ブームを巻き起こした一冊。(ナ・テジュ著 黒河星子訳／1,650円)

愛だけが残る

『花を見るように君を見る』著者による第2弾！　誰かの恋人であり、妻であり、娘だったあなたに贈るラブレター。(ナ・テジュ著 黒河星子訳／1,650円)

アンニョン、大切な人。

自分を不完全だと思って、いつも不安と後悔を抱えているあなたへ。痛みと向き合う勇気をくれる温かな106のエッセイ。(チョン・ハンギョン著 黒河星子訳／1,760円)

小さな星だけど輝いている

輝く瞬間はいつも永遠ではない。それでも、時には堂々と、時には淡々と、私らしく輝けばいい。心に響くヒーリングエッセイ。(ソユン著　吉川南訳／1,650円)

韓国ドラマが教えてくれた大切なこと

あなたを支えてくれた、人生でいちばんの名セリフはなんですか？　胸を打つセリフから読み解く、目から鱗の人生エッセイ。(チョン・ドッキョン著 西野明奈訳／1,650円)

BTSを哲学する

なぜ世界中が熱狂するのか？　歌詞、MVなど、彼らの音楽とパフォーマンスを哲学から読み解く。ARMY共感必至!!(チャ・ミンジュ著 桑畑優香訳／1,650円)

世界の古典と賢者の知恵に学ぶ　言葉の力

老子、孔子、マルクス、サルトルなど、賢人たちの言葉と古典から話し方を学び、生き方を磨く一冊。大人の課題図書。(シン・ドヒョン、ユン・ナル著 米津篤八訳／1,650円)

本当に大切な君だから

韓国で国民エッセイと呼ばれた大ベストセラー！　愛と別れ、人間関係、仕事、夢、劣等感…自尊心を取り戻すためのヒントが満載。(キム・ジフン著 呉永雅訳／1,870円)

明日は明日の日が昇るけど、今夜はどうしよう

自費出版から異例のロングセラー、待望の日本語訳！　眠れない夜、あなたと同じ寂しさを抱えて、眠れずにいた人のお話。(ヨンジョン著 吉川南訳／1,540円)

shāngliang
商量
動 相談する

Nǐ kěyǐ xiān gēn diànyuán shāngliang yíxià.
[例] 你可以先跟店员商量一下。
まずは店員さんに相談してみたら？
▸「(重要な問題について) 協議する」というときは“协商 xiéshāng”。

---

shāngpǐn
商品
名 商品

Zhèi jiā chāoshì shāngpǐn qíquán.
[例] 这家超市商品齐全。
このスーパーは商品の品揃えがよい。

---

shāngwù
商务
名 商用、ビジネス

Huíchéng xìngyùn de miǎnfèi shēngjíle shāngwùcāng!
[例] 回程幸运地免费升级了商务舱！
復路は幸運なことに無料でビジネスクラスにアップグレードされた！

▸▸▸ 関連語句

「商売人、ビジネスマン」は“商人 shāngrén”、「商業、ビジネス」は“商业 shāngyè”、「商標、ブランド」は“商标 shāngbiāo”と言う。

jià
价

名 **価格、値段、値打ち**

ただし単独ではあまり使用しない。

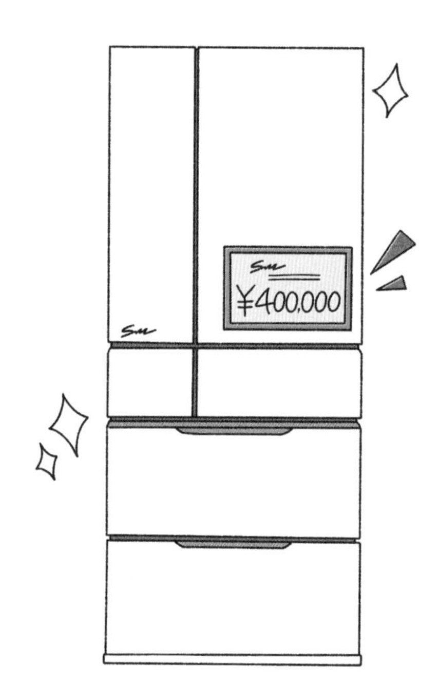

jiàgé
价格

名 **価格、値段**

Dà pǐnpái de chǎnpǐn zhìliàng hǎo, dàn jiàgé guì.

［例］**大品牌的产品质量好，但价格贵。**

大手メーカーの製品は、質はいいが値段が高い。

▶話し言葉では“价钱jiàqián”とも。

wùjià
物价
名 物価

Dōngjīng de wùjià hé fángjià xiāngduì hěn gāo.
[例] **东京的物价和房价相对很高。**
東京の物価や住宅価格は比較的高い。

---

jiàng//jià
降价
動 値下げする

Wǒ gāng mǎi de shāngpǐn dì èr tiān jiù jiàngjià le.
[例] **我刚买的商品第二天就降价了。**
買ったばかりの商品が翌日には値下げされていた。
▶「値上げする」は"涨价 zhǎng//jià"。

---

tǎojià-huánjià
讨价还价
成 値段交渉をする

Wǒmen diàn bù néng tǎojià huánjià.
[例] **我们店不能讨价还价。**
うちの店は値段交渉できません。

---

jiàzhí
价值
名 価値、値打ち

Yìxiē jiùbì hěn yǒu shōucáng jiàzhí.
[例] **一些旧币很有收藏价值。**
一部の古銭は収集価値が高い。

kǎ

卡

名 カード

英語“card”など、主に音訳語に使用される。

Rúguǒ xiànzài bàn kǎ, kěyǐ miǎn niánfèi.

［例］**如果现在办卡，可以免年费。**

今、カードを作れば年会費が無料になります。

▶“卡片 kǎpiàn”とも言うが、その場合、メッセージカードを指すことが多い。“读卡器 dúkǎqì”で「カード読み取り機」。

語源メモ

“卡通 kǎtōng””は英語“cartoon”の音訳語で「アニメ」を指す。アニメ番組は“卡通片 kǎtōngpiàn”などと言う。

xìnyòngkǎ
信用卡
名 クレジットカード

Hěn bàoqiàn, wǒmen diàn bù jiēshòu xìnyòngkǎ.
[例] **很抱歉，我们店不接受信用卡。**
申し訳ございませんが、当店ではクレジットカードをご利用いただけません。

---

yínhángkǎ
银行卡
名 キャッシュカード

Zhèli bù néng shǐyòng hǎiwài fāxíng de yínhángkǎ.
[例] **这里不能使用海外发行的银行卡。**
ここでは海外で発行されたキャッシュカードは使用できません。

---

yìkǎtōng
一卡通
名 (金融や交通などのさまざまな機能が1枚に収められている) 多機能クレジットカード

Chéngshì yìkǎtōng zěnme chōngzhí ne?
[例] **城市一卡通怎么充值呢?**
シティICカードはどうやってチャージするの？

---

fángkǎ
房卡
名 (ホテルなどの) ルームカードキー

Chī zǎocān shí, chūshì fángkǎ jiù hǎo.
[例] **吃早餐时，出示房卡就好。**
ご朝食の際は、ルームカードを提示いただくだけでけっこうです。

shuā

動 ブラシをかける、はけで塗る、ごしごし洗う

shuā//kǎ

刷卡

動（代金を）カードで支払う、カードで決済する

Qù guówài lǚxíng, shuā kǎ zuì huásuàn.

［例］去国外旅行，刷卡最划算。

海外旅行先では、カード払いが一番お得だ。

shuā wǎn

刷碗

動目 食器を洗う

Tā zài cānguǎn duān pán shuā wǎn.

[例] **他在餐馆端盘刷碗。**

彼はレストランの皿運びと食器洗い担当だ。

---

shuā//yá

刷牙

動 歯磨きをする

Nǐ gǎnkuài qù shuāyá ba.

[例] **你赶快去刷牙吧。**

さっさと歯磨きしに行きなさい。

▶ "牙刷 yáshuā" は「歯ブラシ」。

---

shuāzi

刷子

名 ブラシ

Shuāzi de zhìliàng huì yǐngxiǎng huàzhuāng de xiàoguǒ.

[例] **刷子的质量会影响化妆的效果。**

ブラシの質はメイクアップの仕上がりに影響する。

sǎo

扫

動 （ほうきで）掃く、一掃する、なぎ払う

Sǎo yi sǎo zhèige èrwéimǎ ba.

［例］扫一扫这个二维码吧。

このバーコードを読み取ってください。

sǎomiáo

扫描

動 スキャンする

Sǎomiáo èrwéimǎ jiù kěyǐ xiàzài zhèige A-P-P.

［例］扫描二维码就可以下载这个APP。

バーコードを読み取ると本アプリのダウンロードが可能です。

▶「スキャナー」は“扫描仪 sǎomiáoyí”と言う。「アプリ」は“应用（程序）yìngyòng (chéngxù)”とも。

dǎsǎo

打扫

動 掃除する

Wǒ píngshí gōngzuò máng, méi shíjiān dǎsǎo wèishēng.

［例］我平时工作忙，没时间打扫卫生。

普段は仕事が忙しく、掃除どころじゃないのよ。

---

sǎo//dì

扫地

動 地面を掃く、掃除する→〈喩〉すっかりなくなる、皆無になる

Nǐ yǐhòu zài yě búyòng zìjǐ sǎodì le.

［例］你以后再也不用自己扫地了。

これからは自分で床を掃除する必要はないよ。

---

sǎo//mù

扫墓

動 墓参りをする、墓を掃除して祭る

Sǎomù qián, qù huādiàn mǎi shù xiānhuā ba.

［例］扫墓前，去花店买束鲜花吧。

お墓参りの前に、花屋さんで花束を買おう。

▶中国では4月上旬の"清明节Qīngmíngjié"のころに墓参りをする習慣がある。

shū

動（液体・気体や電流などを）輸送する、運ぶ、注入する

Zhuǎnzhàng shí wǒ shūcuòle shōukuǎn zhànghào!

［例］转账时我输错了收款账号！

振込の際、振込先の口座番号の入力を間違えた！

shūrù

输入

動インプットする、入力する

Qǐng shūrù mìmǎ.

［例］请输入密码。

パスワードを入力してください。

shūchū

输出

動 アウトプットする、エクスポートする

Fùkuǎn hòu, dǎyìnjī huì shūchū shōujù.

[例] 付款后，打印机会输出收据。

お支払い後に、印刷機からレシートが出てきます。

---

yùnshū

运输

動 運送する、輸送する

Zhèi zhǒng fāngshì dàdà jiàngdīle yùnshū chéngběn.

[例] 这种方式大大降低了运输成本。

この方法により輸送コストを大幅に削減した。

---

shū//xuè

输血

動 輸血する→援助や救済をする

Wúcháng xiànxuèguo de rén néng miǎnfèi shūxuè.

[例] 无偿献血过的人能免费输血。

無償で献血をした人は、無料で輸血することができる。

▶"输氧shū//yǎng"で「酸素吸入する」、"输液shū//yè"で「点滴をする」の意味。

qǐ

起

動 **起きる、立ち上がる**

qǐ//chuáng

起床

動 起きる、起床する

Wǒ měitiān zǎoshang wǔ diǎn bàn qǐchuáng.

［例］**我每天早上五点半起床。**

私は毎朝５時半に起きる。

▸文脈によっては“她起得很早。Tā qǐde hěn zǎo.”（彼女は早起きだ。）のように“起”単独でも使用できるが、ふつうは“起床”“起来”と言う。

qǐ//·lái

起来

動 立ち上がる、起き上がる

Dōu bā diǎn le, kuài qǐlái ba!

［例］都八点了，快起来吧！

もう8時だよ、早く起きて！

---

qǐfēi

起飞

動（飛行機が）飛び立つ、離陸する

Wǒmen de hángbān mǎshàng jiù qǐfēi le.

［例］我们的航班马上就起飞了。

まもなく当機（飛行機）は離陸いたします。

---

xiǎngqǐ

想起

動 思い起こす、思い出す

Wǒ xiànzài cái xiǎngqǐ hái méi zuò zuòyè.

［例］我现在才想起还没做作业。

今になって宿題をやっていないことを思い出した。

---

zǎo shuì zǎo qǐ

早睡早起

慣 早寝早起き

Zǎo shuì zǎo qǐ duì shēntǐ hǎo.

［例］早睡早起对身体好。

早寝早起きは体にいい。

shuì
睡

動 **寝る**

Nǐ zǎo diǎn(r) shuì ba.
［例］**你早点ル睡吧。**
早めに寝なさい。

▶「早く寝なさい」と言いたいときは“快睡吧 Kuài shuì ba”。

shuì//jiào
睡觉

動 眠る

Wǒ lǎolao wǎnshang bā diǎn jiù shuìjiào.
［例］**我姥姥晚上八点就睡觉。**
（母方の）祖母は夜８時には寝る。

語源メモ

“睡眠 shuìmián”（睡眠）はややかたい表現で、日本語と同様、“睡眠不足 shùmián bùzú”（睡眠不足）などに使う。

shuìzháo
睡着

動補 寝つく

Wǒ bìshang yǎnjing jiù shuìzháo le.
［例］ **我闭上眼睛就睡着了。**
私は目を閉じるとすぐに寝入ってしまった。

▶若干かたい表現として“入睡rùshuì”とも。「寝つけない」ことは“睡不着shuìbuzháo”と言う。

---

wǔshuì
午睡

名 動 昼寝、昼寝をする

Wǒ méiyǒu wǔshuì de xíguàn.
［例］ **我没有午睡的习惯。**
僕には昼寝をする習慣がない。

▶中国では学校や職場などで昼寝タイムを設けていることがある。

---

kēshuì
瞌睡

動 居眠りする

Tā zǒngshì yí zuòxia jiù dǎ kēshuì.
［例］ **他总是一坐下就打瞌睡。**
彼はいつも座るとすぐに居眠りを始める。

xǐ
洗

動 **洗う**

xǐ//zǎo
洗澡

動 **お風呂に入る、入浴する**

Yǒu rén shuō yīnggāi xiān xǐzǎo zài chīfàn.
[例] **有人说应该先洗澡再吃饭。**
入浴後に食事をするべきだと言う人がいる。

▶ 地域や家庭、個人の違いもあるが、中国ではシャワーで済ませる場合が多く、湯船に入る習慣は相対的に少ない。バスタブがない家もある。

▶▶▶ 関連語句

「食器を洗う」は"洗碗 xǐ wǎn"、「食器洗い機、食洗機」は"洗碗机 xǐwǎnjī"、「洗濯機」は"洗衣机 xǐyījī"、「洗濯用洗剤（粉）」は"洗衣粉 xǐyīfěn"（液体状の洗剤は"洗衣液 xǐyīyè"）、「ドライクリーニングする」は"干洗 gānxǐ"と言う。

xǐshǒujiān
洗手间

名 お手洗い

Qǐngwèn, xǐshǒujiān zài nǎr?
［例］请问，洗手间在哪儿?
すみません、お手洗いはどちらですか？

---

qīngxǐ
清洗

動 きれいに洗う

Sùliàopíng yào yòng shuǐ qīngxǐ hòu zài rēng.
［例］塑料瓶要用水清洗后再扔。
ペットボトルは水で洗ってから捨てましょう。

関連語源コラム

日本語で「足を洗う」と言えば、俗語で「悪いこと（特にギャンブル、恐喝などの悪事）をやめる」という意味になるのに対し、中国語の“洗脚xǐ jiǎo”はそのまま「足を洗う」意味になる（ただし、“脚”はくるぶしよりも下の部分を指す）。特に漢民族の文化ではもともと足だけ洗って寝る習慣があり、孝行のために親や祖父母の足を子どもや孫が洗うこともあるが、恋人や配偶者などのために足を洗ってあげることもある。家族以外の人の足を洗うことは特別な行為とみなされる。そのため、「君の足を一生洗ってあげたい」がプロポーズの言葉にもなりうる。

jiǎn

動（はさみで）切る、裁つ

jiǎn//fà

剪发

動 髪をカットする

Měicì dōu shì wǒ māma gěi wǒ jiǎnfà.

[例] 每次都是我妈妈给我剪发。

いつも母が髪を切ってくれる。

▶「ショートヘア」は“短发 duǎnfà”、「ロングヘア」は“长发 chángfà”と言う。

jiǎn zhǐjia
剪指甲

動目 爪を切る

Nǐ gāi jiǎn zhǐjia le.
[例] 你该剪指甲了。
そろそろ爪を切らないと。

---

jiǎndāo
剪刀

名 はさみ、(じゃんけんの) チョキ

Wǒ zhōngyú mǎidàole zuǒpiězi zhuānyòng jiǎndāo.
[例] 我终于买到了左撇子专用剪刀。
左利き用のはさみをやっと手に入れた。

▸"剪子 jiǎnzi"とも。

関連語源コラム

日本にも「グー・チョキ・パー」のじゃんけんがあるが、中国語では"猜拳 cāiquán"と言い、「"剪刀(剪子) jiǎndāo (jiǎnzi)"(チョキ)、"石头 shítou"(グー)、"布 bù"(パー)」と言う。日本のじゃんけんは中国が起源とされるが諸説ある。日本でも地域によって表現ややり方が若干異なるが、中国でも地域によって異なる。

tāo

掏

動 （手探りで物を）取り出す、掘る、ほじる

tāo ěrduo

掏耳朵

動目 耳掃除をする

Qiānwàn búyào pínfán tāo ěrduo!

［例］千万不要频繁掏耳朵！

頻繁に耳掃除をしては絶対にいけないよ！

tāo kǒudài

掏口袋

動目 （手をポケットに突っ込んで）物を取り出す、ポケットを探る

Xǐyī qián yídìng yào tāotao kǒudài.

[例] 洗衣前一定要掏掏口袋。

洗濯前には必ずポケットの中に何か入っていないか確認してね。

---

tāo qián

掏钱

動目 （ポケットから）お金を取り出す、お金を支払う（おごる）

Měicì yuēhuì dōu shì wǒ tāo qián.

[例] 每次约会都是我掏钱。

デート代は毎回、私が払っているの。

---

tāo yāobāo

掏腰包

慣用 （きんちゃくを探る→）お金を出す、自腹を切る、すりを働く

Tā zì tāo yāobāo jiùzhù liúlàngmāo、gǒu.

[例] 她自掏腰包救助流浪猫、狗。

彼女は自腹で野良猫や野良犬を保護している。

---

tāoxīn

掏心

動 内心を吐露する、内心をさらけ出す

Zhè shì wǒ tāoxīn de huà.

[例] 这是我掏心的话。

これは私の本音だよ。

dào
倒1

動（上下・前後を）逆さまにする、注ぐ、うしろに下がる

dào lājī
倒垃圾

動目 ゴミを捨てる

Wǒ māma jiào wǒ qù dào lājī.
[例] 我妈妈叫我去倒垃圾。
母にゴミを出すように言われた。

dào chá
倒茶

動目 お茶を入れる

Gěi rén dào chá shí bù néng dàomǎn.
[例] 給人倒茶时不能倒满。
人にお茶を入れるとき満杯にしてはいけない。

dào//chē
倒车1

動 車をバックさせる⇔倒车2（224ページ）

Dàochē rùkù ràng xīnshǒu shífēn kùnhuò.
[例] 倒车入库让新手十分困惑。
バックでの車庫入れは運転初心者をかなり困らせる。

dàojìshí
倒计时

動 カウントダウンする

Gāokǎo yǐjīng jìnrù dàojìshí jiēduàn.
[例] 高考已经进入倒计时阶段。
大学入試までカウントダウンの段階に入った。

関連語源コラム

春節（旧正月）の際などに“福fú”の字を書いた赤色の紙“倒福dào fú”が家々に貼られることが多いが、しばしば逆さまにして貼られる。これは“倒dào”と“到dào”（来る、至る）の発音をかけて「福が来る」ことを願ったもの。

bān
班

名 **職場、クラス、グループ、勤務時間、勤務場所**

shàng//bān
上班

動 出勤する

Wǒ měitiān huā yí ge bàn xiǎoshí shàng xià bān.
［例］**我每天花一个半小时上下班。**
私は毎日1時間半かけて通勤している。

▶ “上班族 shàngbānzú” で「通勤族、サラリーマン、会社員」（比較的新しくできた語）の意。「退勤する、仕事が終わる」は “下班 xià//bān”。

jiā//bān

加班

動 残業する

Jīntiān wǒ yào jiābān le.

[例] 今天我要加班了。

今日は残業だ。

zhí//bān

值班

動 当番に当たる、当直になる

Hùshi dōu yào zhí yèbān, hěn xīnkǔ.

[例] 护士都要值夜班，很辛苦。

看護師はみな夜勤をしなければいけないから大変だ。

bānchē

班车

名 通勤バス、通学バス、シャトルバス

Měitiān zuò bānchē shàngbān zhēnde hǎo lèi.

[例] 每天坐班车上班真的好累。

毎日、会社のバスで通勤するのは本当に疲れる。

bānzhǔrèn

班主任

名 クラス担任

Wǒmen bān de bānzhǔrèn shì Liú lǎoshī.

[例] 我们班的班主任是刘老师。

うちのクラスの担任は劉先生だ。

kè
课

名 **授業、教科、科目**

shàng//kè
上课

動 **授業をする・受ける**

Tóngxuémen, shàngkè le!
［例］**同学们，上课了！**
（教室で学生に向かって）みなさん、授業ですよ！

▸「授業が終わる」は“下课 xià//kè”。

bǔ//kè

补课

動 補講をする・受ける、補習をする・受ける

Yáng lǎoshī měicì dōu miǎnfèi gěi wǒmen bǔkè.

[例] 杨老师每次都免费给我们补课。

楊先生は毎回、無料で補習をしてくれる。

---

gōngkè

功课

名 授業、成績、宿題、勉強

Wǒ nǚér zuìjìn mángzhe zuò gōngkè.

[例] 我女儿最近忙着做功课。

最近、娘は勉強に追われている。

---

kèběn

课本

名 教科書、テキスト

Wǒ jīntiān wàng dài yǔwén kèběn.

[例] 我今天忘带语文课本。

今日、国語の教科書を持ってくるのを忘れてしまった。

▶ “教科书 jiàokēshū” とも。

zhù

住

動 住む、泊まる、一時的に滞在する

一時的に滞在（宿泊）することも、長期的に滞在（居住）することも表せる。

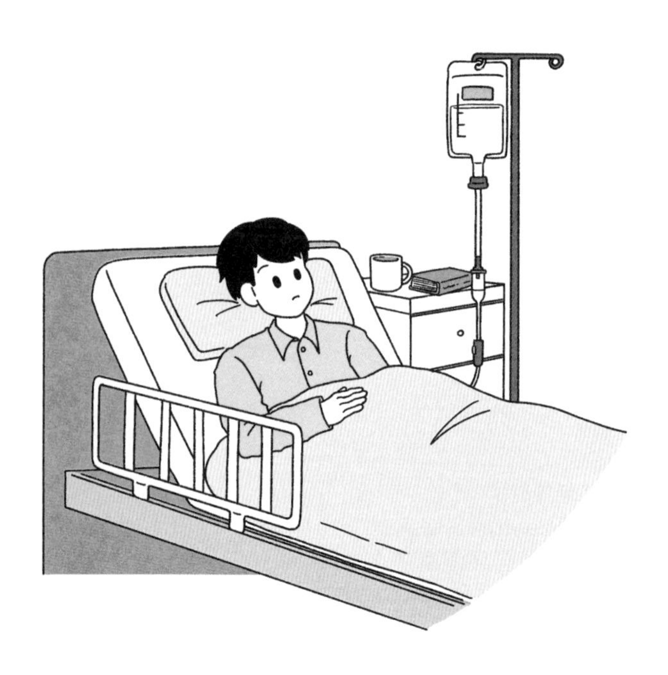

zhù//yuàn

住院

動 入院する

Wǒ gē zhùyuàn le, míngtiān kěyǐ chūyuàn.

[例] **我哥住院了，明天可以出院。**

兄は入院したが、明日には退院できる。

zhùfáng
住房

名 住宅、住まい

Dàjiā dōu guānzhù chéngshì de zhùfáng wèntí.
[例] **大家都关注城市的住房问题。**
誰もが都市の住宅問題に関心を寄せている。

---

jūzhù
居住

動 居住する

Jūzhù huánjìng hé jiànkāng shì mìqiè xiāngguān de.
[例] **居住环境和健康是密切相关的。**
住環境と健康は密接に関係している。

---

jìzhù
记住

動補 しっかり記憶して忘れない、しっかり覚える

Zhèixiē yàodiǎn nǐ yídìng yào jìzhù.
[例] **这些要点你一定要记住。**
これらの点はしっかりと覚えておきなさい。

語源メモ

「そこにとどまる」という意味から、動詞のうしろにつけて結果補語として、「記憶や体などがそこにしっかりととどまる」ことも表せる。
[例] "站住 zhàn//zhù"「(人や車などが) 止まって動かない、じっとしている」
"抓住 zhuā//zhù"「しっかりとつかむ、捕まえる」
"抓住"は"关键是抓住要点。Guānjiàn shì zhuāzhù yàodiǎn."(大事なのは要点をつかむことだ。)のように抽象的なものをつかむことも表す。

fáng
房

名 **家、家屋、建物、部屋**

fángzi
房子

名 家屋、家

Wǒ zuìjìn bānjiā bāndào xīn fángzi le.
[例] **我最近搬家搬到新房子了。**
最近、新居に引っ越しました。

▶▶▶ 関連語句

2階以上の家屋のことを“楼房 lóufáng”、「平屋」を“平房 píngfáng”、「アパート、マンション」を“公寓 gōngyù”と言う。

fángjiān
房间
名 部屋

Wǒmen de fángjiān shì shuāngrénfáng.
[例] 我们的房间是双人房。
私たちの部屋はツインルームだよ。
▶ シングルルームは"单人房 dānrénfáng"。

---

chúfáng
厨房
名 台所、キッチン

Chúfáng pángbiān zuìhǎo búyào shè wòshì.
[例] 厨房旁边最好不要设卧室。
キッチンの隣にはできるだけ寝室を設けないほうがいい。

---

fángzū
房租
名 家賃

Dōngjīng de fángzū bǐ Shànghǎi piányi yìxiē.
[例] 东京的房租比上海便宜一些。
東京の家賃は上海より若干安い。

---

fángdōng
房东
名 家主、大家（おおや）

Wǒ zài Měiguó liúxué shí de fángdōng shì huárén.
[例] 我在美国留学时的房东是华人。
アメリカに留学していたときの大家さんは中華系の人だった。

wū

名 家屋、家、部屋

北方では「部屋」、南方では「家屋」を指すことが多い。

wūzi

屋子

名 部屋

Zhè wūzi li hǎoxiàng méi rén.

［例］**这屋子里好像没人。**

この部屋には誰もいないようだ。

▶“屋（子）里”は「部屋の中」を指すのに対し、“里屋 lǐwū”は「奥の間」を指す。「手前（表側）の部屋」は“外屋 wàiwū”。

wūdǐng
屋顶

名 屋根、屋上

Wǒ jiā māo zǒng xǐhuan dāizài wūdǐng shang.

[例] **我家猫总喜欢待在屋顶上。**

うちの猫はいつも好んで屋根の上にいる。

---

fángwū
房屋

名 家屋、家

Tīngshuō xiànzài nóngcūn fángwū bù néng suíbiàn mǎimai.

[例] **听说现在农村房屋不能随便买卖。**

現在、農村の家屋は勝手に売買できないらしい。

関連語源コラム

"屋里人wūlirén"は字義通りには「家の中の人」であるが、実際には方言で自分の妻のことを指す（若い世代ではほとんど使わない）。日本語で妻を「家内（かない）」と呼ぶのに似ている。これに対し、"家里人jiālirén"といえばふつう、「家族」のことを指す。"家里人"は"家人jiārén"、"家属jiāshǔ"とも言う。ちなみに中国語で"家族jiāzú"と言うと、一家ではなく「一族」を指すので注意。

-tī-

-梯-

付 はしご状のもの、
階段状のもの

lóutī

楼梯

名 階段

Wǒ zuìjìn shàng lóutī dōu chuǎnbuguò qì.

[例] 我最近上楼梯都喘不过气。

私は最近、階段を上るのも息が切れる。

diàntī

电梯

名 エレベーター

Wǒmen zuò diàntī shàngqu ba.

[例] **我们坐电梯上去吧。**

エレベーターで上がろう。

---

tīzi

梯子

名 はしご

Wǒ yǒu kǒnggāozhèng, bù gǎn shàng tīzi.

[例] **我有恐高症，不敢上梯子。**

高所恐怖症ではしごを登れない。

---

fútī

扶梯

名 手すりのある階段、エスカレーター（“自动扶梯” の略）

Shàng xià lóutī shí, qǐng fúhǎo fúshǒu.

[例] **上下楼梯时，请扶好扶手。**

階段を上り下りするときは、手すりにしっかりとつかまってください。

---

zìdòng fútī

自动扶梯

名 エスカレーター

Shìjiè shang zuì cháng de zìdòng fútī zài nǎli?

[例] **世界上最长的自动扶梯在哪里?**

世界で一番長いエスカレーターはどこにあるの？

-jī-

-机₁-

付 **機械、器具**

diànshìjī

电视机

名 テレビ

Wǒ jiā de diànshìjī huài le.

［例］ **我家的电视机坏了。**

家のテレビが壊れた。

家電製品を表す単語は190ページへ。

▶▶▶ 関連語句

「ラジオ」は“收音机shōuyīnjī”、「コンピューター」は“计算机jìsuànjī”、「プリンター」は“打印机dǎyìnjī”、「ゲーム機」は“游戏机yóuxìjī”と言う。

shǒujī

手机

名 携帯電話、スマートフォン（スマホ）

Shǒujī yòngjiǔ le, jīngcháng sǐ jī.

[例] 手机用久了，经常死机。

スマホが古くなって、しょっちゅうフリーズする。

---

xiàngjī

相机

名 カメラ

Wǒ de xiàngjī bèi tōu le!

[例] 我的相机被偷了！

僕のカメラが盗まれた！

ěrjī

耳机

名 イヤホン、ヘッドホン

Ěrjī yīnggāi àn gōngnéng hé mùdì xuǎnzé.

[例] 耳机应该按功能和目的选择。

ヘッドホンは機能と用途で選ぶべし。

---

shèxiàngjī

摄像机

名 ビデオカメラ

Wúrén shèxiàngjī néng fēi duō gāo?

[例] 无人摄像机能飞多高?

カメラ付きドローンはどこまで高く飛べるのかな。

-qì-

-器-

付 **器具・用具**

jī·qì

机器

名 **機械**

Jīqì fānyì de zhìliàng zài búduàn tígāo.

［例］**机器翻译的质量在不断提高。**

機械翻訳のクオリティがどんどん上がっている。

語源メモ

自動性を強調し、その性能的なものに着目するものを“-机”、他動性を強調し、容器的な部分に着目するものを“-器”と、本来はすみ分けがあったようだが、さまざまな機器が多様な性能を持つようになった現代ではその区別はやや難しい。

jī·qìrén

机器人

名 ロボット

Wǒ kǎolǜ mǎi yì tái sǎodì jīqìrén.

[例] 我考虑买一台扫地机器人。

私はお掃除ロボットの購入を検討中なの。

---

xīchénqì

吸尘器

名 掃除機

Yòng wúxiàn shǒuchí xīchénqì dǎsǎo hěn fāngbiàn.

[例] 用无线手持吸尘器打扫很方便。

コードレスハンディクリーナーで掃除するのはとても便利だ。

---

chōngdiànqì

充电器

名 充電器

Chū mén wàng dài shǒujī chōngdiànqì le!

[例] 出门忘带手机充电器了！

外出するのにスマホの充電器を忘れてしまった！

▶▶▶ 関連語句

「消火器」は“灭火器 mièhuǒqì”、「変圧器」は“变压器 biànyāqì”、「湯沸かし器」は“热水器 rèshuǐqì”と言うなど、おおむね日本語と共通している。

diàn

名 動 **電気、感電する、電気が走る**

diànnǎo

电脑

名 コンピューター、特にパソコン

Wǒ de diànnǎo yòu sǐ jī le.

［例］**我的电脑又死机了。**

僕のパソコン、またフリーズしちゃったよ……。

▶「ノートパソコン」は“笔记本电脑 bǐjìběn diànnǎo”、「デスクトップパソコン」は“台式电脑 táishì diànnǎo”。

diànshì

电视

名 テレビ

Háizi yìzhí zài kàn diànshì ne.

[例] **孩子一直在看电视呢。**

子どもはずっとテレビを見続けている。

▶「テレビドラマ」は"电视剧diànshìjù"、「テレビ局」"は电视台diànshìtái"。

diànyǐng

电影

名 映画

Zuìjìn tā yòu xīn pāile yí bù diànyǐng.

[例] **最近她又新拍了一部电影。**

最近、彼女はまた新しい映画を作った。

▶「映画館」は"电影院diànyǐngyuàn"。

diànhuà

电话

名 電話

Wǒ yǐjīng gěi tā dǎ diànhuà le.

[例] **我已经给他打电话了。**

すでに彼に電話した。

▶「電話番号」は"电话号码diànhuà hàomǎ"、「携帯番号」は"手机号码shǒujī hàomǎ"。

▶▶▶ 関連語句

「電気器具」は"电器diànqì"、「電源」は"电源diànyuán"、「電灯」は"电灯diàndēng"、「電池」は"电池diànchí"、「電力」は"电力diànlì"と言う。

bìng

動 名 **病気になる、病気**

Wǒ māma bìngde hěn lìhai.

［例］**我妈妈病得很厉害。**

母の病気はかなり重い。

病気を表す単語は195ページへ。

shēng//bìng

生病

動 病気になる

Wǒ sūnnǚ shēngbìng le.

［例］**我孙女生病了。**

うちの孫娘が病気になっちゃって。

bìngdú

病毒

名 ウイルス

Bìngdú shì hěn róngyì fāshēng biànyì de.

[例] **病毒是很容易发生变异的。**

ウイルスは容易に変異するものだ。

---

bìngfáng

病房

名 病室、病棟

Zhèige bìngfáng shèbèi qíquán, gǎnjué búcuò.

[例] **这个病房设备齐全，感觉不错。**

この病室は設備が充実していて快適だ。

▶「病床」は“病床 bìngchuáng”、「カルテ」は“病历 bìnglì”。

---

xīnbìng

心病

名 心の病、(口に出せない) 悩み事、弱み

Zuìjìn tā hǎoxiàng yǒu shénme xīnbìng.

[例] **最近他好像有什么心病。**

最近、彼は何か悩み事があるようだ。

---

máobìng

毛病

名 故障、過失、欠点

Xiànzài hěn duō rén dōu yǒu shīmián de máobìng.

[例] **现在很多人都有失眠的毛病。**

今は多くの人が不眠の問題を抱えている。

-yī-

-医-

付 **医者、医学、医療**

名詞とされることもあるが、単独ではほとんど使用しない。

yīyuàn

医院

名 病院

Yínháng jiù zài yīyuàn zhèngmén duìmiàn.

［例］**银行就在医院正门对面。**

銀行は病院の正面玄関のすぐ向かいにあります。

▶一般に規模の大きな総合病院を指す。

yīshēng

医生

名 医者

Yīshēng shuō méiyǒu dà wèntí, wǒ cái fàngxīn.

[例] **医生说没有大问题，我才放心。**

お医者さんから大きな問題はないと言われ、ようやくほっとした。

▶ 北方では口語で“大夫dàifu”と言うことも。

---

zhōngyī

中医

名 中国医学、漢方医

Zhōngyī hé xīyī gè yǒu chángduǎn.

[例] **中医和西医各有长短。**

中国医学と西洋医学にはそれぞれ長所と短所がある。

▶ 中国の比較的大きな病院では“中医”と“西医”に分かれていて、患者がどちらを受診するかを選ぶことができる場合が多い。

---

yīwù

医务

名 医療業務

Yīwù rényuán zhèng gěi shìmín jiēzhòng yìmiáo.

[例] **医务人员正给市民接种疫苗。**

医療スタッフが市民にワクチン接種をしているところだ。

▶ “医务室yīwùshì”（医務室）、“医务人员yīwù rényuán”（医療スタッフ）など、ほかの名詞の前につけて使用することが多い。「医療」は“医疗yīliáo”。

kàn

看1

動 見る、診察する、診察を受ける

Kàn zhōngyī hǎo háishi xīyī hǎo ?

［例］**看中医好还是西医好?**

中国医学と西洋医学、どちらを受診するのがいいと思う？

kàn//bìng

看病

動 診察する、診察を受ける

Wǒ yào qù yīyuàn kànbìng.

［例］**我要去医院看病。**

私は病院に診察を受けに行く。

kàn bìngrén

看病人

動目 病人を見舞う

Kàn bìngrén yīnggāi sòng shénme huā hǎo?

[例] 看病人应该送什么花好?

お見舞いにはどんな花を贈るといいかな？

---

kànwàng

看望

動 訪問する、見舞う

Wǒmen qù yīyuàn kànwàng yí ge lǎopéngyou.

[例] 我们去医院看望一个老朋友。

僕たちは旧友のお見舞いのために病院へ行った。

---

kàn//jiàn

看见

動 目に入る、見える

Kànjiànle ma? Yòushǒu biān jiù shì érkē.

[例] 看见了吗? 右手边就是儿科。

見えましたか？ 右側が小児科です。

診療科を表す単語は191ページへ。

---

kàn·fǎ

看法

名 見方、見解

Dàjiā duì ānlèsǐ yǒu bùtóng de kànfǎ.

[例] 大家对安乐死有不同的看法。

安楽死についてはみな異なる見解を持っている。

kān

動 見守る、番をする、（病人・子どもなどの）世話をする

Míngtiān wǒ yào zài jiā kān sūnnǚ.

［例］**明天我要在家看孙女。**

明日は家で孫娘の面倒を見る予定だ。

kānhù

看护

動 看護する、介護する、世話をする

Zhǐ néng liú yí ge jiāshǔ kānhù bìngrén.

［例］**只能留一个家属看护病人。**

患者の看護のために残れるのは、家族の中で１人だけだ。

kānguǎn
看管

動 監視する、(子どもの) 世話をする、(物品を) 管理する

Qǐng kānguǎnhǎo zìjǐ de suíshēn wùpǐn.
[例] 请看管好自己的随身物品。
持ち物から目を離さないようにお願いします。

---

kānshǒu
看守

動 責任を持って見守る、見張る、(犯罪者を) 監視する

Èrshisì xiǎoshí yǒurén kānshǒu tàipíngjiān.
[例] 二十四小时有人看守太平间。
霊安室は24時間体制で警備されている。

---

kān//jiā
看家

動 留守番をする

Wǒ jīběnshang měitiān dōu yí ge rén kānjiā.
[例] 我基本上每天都一个人看家。
私は毎日ほぼ1人で留守番している。

▸「番犬」は"看家狗 kānjiāgǒu"、"看门 kān mén"は「門番をする」の意味。

zhì

動 （病気などを）治す、治療する

Tā de bìng hěn kuài jiù zhìhǎo le.
［例］她的病很快就治好了。
彼女の病気はすぐによくなった。

関連語源コラム

“三明治 sānmíngzhì”は何を治すのかと思いきや、英語sandwichの音訳語。音訳語に注意！

zhì//bìng

治病

動 (医者が) 病気を治療する

Zhìbìng kào yīshēng, yùfáng yào kào zìjǐ.

[例] 治病靠医生，预防要靠自己。

病を治すのは医者に頼るしかないが、予防は自分でしなくては。

zhìliáo

治疗

動 治療する

Zhèi zhǒng zhìliáo fāngfǎ xiàoguǒ zuì hǎo.

[例] 这种治疗方法效果最好。

この治療法は最も効果がある。

fángzhì

防治

動 予防治療する

Yīnggāi zěnyàng fángzhì chóngyá?

[例] 应该怎样防治虫牙？

どうやって虫歯を予防するべきだろうか？

yīzhì

医治

動 治療する、治す

Ěrmíng yào jíshí yīzhì.

[例] 耳鸣要及时医治。

耳鳴りはすみやかに治療する必要がある。

-zhěn-

付 (病気を）診察する

ménzhěn

门诊

動 名 外来診療する、外来診療

Jiéjiàrì kěyǐ kàn ménzhěn ma?

［例］节假日可以看门诊吗?

祝祭日でも外来を受診することはできる？

▶「初めて診察を受ける」は“初诊 chūzhěn”、「再診を受ける」は“复诊 fùzhěn”と言う。

zhěnsuǒ

诊所

名 クリニック、医院

Zhèi jiā zhěnsuǒ méiyǒu bìngchuáng.

[例] 这家诊所没有病床。

このクリニックには病床がない。

---

zhěnduàn

诊断

動 診断する

Yīshēng zhěnduàn wǒ de bìng shì tángniàobìng.

[例] 医生诊断我的病是糖尿病。

医者は私の病気を糖尿病と診断した。

---

jízhěn

急诊

動 名 緊急診療する、急診

Něixiē zhèngzhuàng xūyào kàn jízhěn?

[例] 哪些症状需要看急诊?

どういう症状のときに救急外来を受診しなければいけないのだろう？

---

zhěn//mài

诊脉

動 脈診する

Zhèi wèi zhōngyī yì zhěnmài jiù néng quèdìng bìngzhèng.

[例] 这位中医一诊脉就能确定病症。

この漢方医は脈をとるだけで病気の診断ができる。

▶中国医学の中で最もメジャーな診察方法の1つ。俗に“号脉hào//mài”とも。

-gǎn-

-感-

付［中国医学］感冒、感じる、感謝の気持ちを抱く

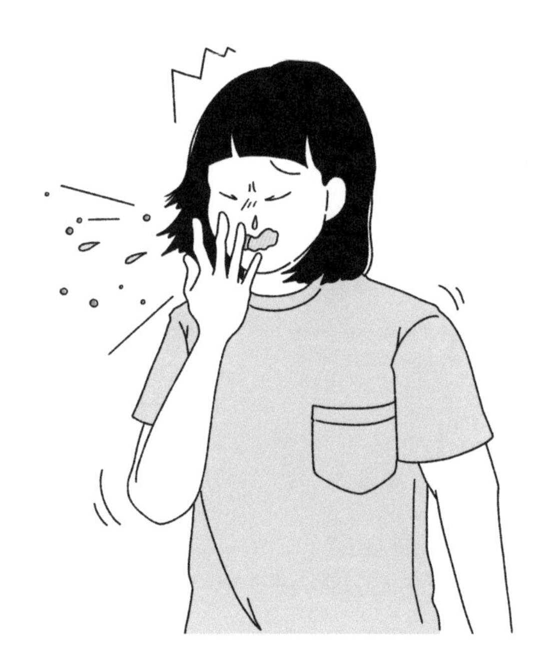

gǎnmào

感冒

動 名 風邪をひく、風邪

Késou、dǎ pēntì, wǒ hǎoxiàng gǎnmào le.

［例］咳嗽、打喷嚏，我好像感冒了。

咳にくしゃみ、どうも風邪をひいたみたい。

liúgǎn

流感

名 インフルエンザ（"流行性感冒 liúxíngxìng gǎnmào" の略）

Yīnwèi liúgǎn, wǒ qǐngle yì xīngqī de jià.

[例] **因为流感，我请了一星期的假。**

インフルエンザで一週間、学校を休んだ。

---

gǎnrǎn

感染

動 感染する、うつる

Měi ge rén dōu yào jìnlì yùfáng gǎnrǎn bìngdú.

[例] **每个人都要尽力预防感染病毒。**

各自がウイルスに感染しないように努力しなくては。

▸「感染力」は "感染力 gǎnrǎnlì"。

---

gǎnxiè

感谢

動 感謝する

Fēicháng gǎnxiè wǒ zhùyuàn qījiān de xìxīn zhàogù!

[例] **非常感谢我住院期间的细心照顾！**

入院中、細やかな看護をしてくださったことに、本当に感謝しております。

-zhèng-

-症-

付 **病症、病気**

“病”と比べると、その症状や状態に焦点が置かれる。

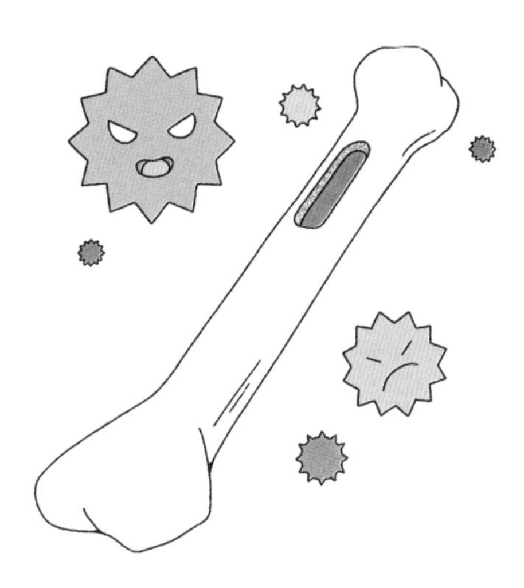

bìngzhèng

病症

名 病気（の徴候）

Gǔsuǐyán shì yì zhǒng yínán bìngzhèng.

[例] **骨髓炎是一种疑难病症。**

骨髄炎は難病の一種だ。

▶▶▶ 関連語句

「後遺症」は“后遗症 hòuyízhèng”、「炎症」は“炎症 yánzhèng”と言う。

yìyùzhèng
抑郁症
名 抑うつ症

Yìyùzhèng yòu jiào yōuyùzhèng.
[例] **抑郁症又叫忧郁症。**
抑うつ症はうつ病とも呼ばれる。

---

zhèngzhuàng
症状
名（病気の）症状

Zhèige bìng de zhǔyào zhèngzhuàng shì ěxin、ǒutù.
[例] **这个病的主要症状是恶心、呕吐。**
この病気の主な症状は吐き気と嘔吐だ。

体の症状を表す単語は196ページへ。

---

juézhèng
绝症
名 不治の病（不治之症 bú zhì zhī zhèng とも）

Áizhèng yǐ bú zài shì juézhèng.
[例] **癌症已不再是绝症。**
癌はもはや不治の病ではない。

---

duì zhèng xià yào
对症下药
成 病状に応じて投薬する、〈喩〉具体的な状況に合わせて問題の解決手段を講じる

Zhì bìng yào duì zhèng xià yào.
[例] **治病要对症下药。**
病気を治すには症状に合った薬を出す必要がある。

guà

挂

動 (物をある場所に)掛ける、電話を切る・かける、(気に)かける→登録する、申込手続きをとる

Nín yào guà nǎ yì kē?

［例］您要挂哪一科?

何科を受診されますか？

guà//hào

挂号

動 (診察などの)申込をする

Qù yīyuàn kànbìng yào xiān guàhào.

［例］去医院看病要先挂号。

病院で診察を受けるにはまず受付が必要です。

▸「診察受付窓口」は“挂号处 guàhàochù”、「(自動)診察受付機」は“(自助)挂号机(zìzhù) guàhàojī”。

guà//shuǐ

挂水

動 点滴をする

Bú shì suǒyǒu fèiyán dōu xūyào guàshuǐ.

［例］ 不是所有肺炎都需要挂水。

すべての肺炎に点滴が必要というわけではない。

▶"输液"（113ページ）を俗にこのように言うことも。

---

guàniàn

挂念

動 心配する、気にかかる

Hǎohāo(r) yǎngbìng, búyòng guàniàn jiāli de shì.

［例］ 好好儿养病，不用挂念家里的事。

しっかり療養して、家のことは心配しなくていいから。

▶"牵挂 qiānguà"とも。

---

guà//shī

挂失

動 紛失届を出して無効にする

Yībǎokǎ diū le, yào zěnme guàshī?

［例］ 医保卡丢了，要怎么挂失?

健康保険証をなくしちゃった。どうやって紛失届を出すの？

dé

得

動 （病気に）かかる、手に入れる

Dōngtiān sìhū gèng róngyì dé gǎnmào.

[例] **冬天似乎更容易得感冒。**

冬はより風邪をひきやすくなるようだ。

dé//bìng

得病

動 病気にかかる

Tā shì débìng zhīhòu cái jiè yān.

[例] **他是得病之后才戒烟。**

彼は病気になってからようやく禁煙した。

dé//dào

得到

動 得る、手に入れる、受ける

Huànzhě dédàole jíshí yǒuxiào de zhìliáo.

[例] 患者得到了及时有效的治疗。

患者は迅速に効果的な治療を受けられた。

---

dé//chū

得出

動 (結論などを) 出す、(判断が) 出る

Tōngguò zōnghé fēnxī cái néng déchū zhèngquè zhěnduàn.

[例] 通过综合分析才能得出正确诊断。

総合的な分析により初めて正確な診断を下せる。

---

nándé

难得

形 得がたい、めったに～ない

Hǎohāo(r) zhēnxī zhè nándé de xiūxi shíjiān ba!

[例] 好好ㄦ珍惜这难得的休息时间吧!

この貴重な休息の時間を大切に使いなさい!

---

déjiù

得救

動 救われる、助かる

Luò shuǐ de háizi zhōngyú déjiù le.

[例] 落水的孩子终于得救了。

川に落ちた子どもがようやく助かった。

動 名（病気で）発熱する、
体がほてる、熱

fā//shāo
发烧
動 発熱する

Wǒ xiǎoshíhou jīngcháng fāshāo.
[例] 我小时候经常发烧。
私は小さいころよく熱を出した。

tuì//shāo

退焼

動 熱が下がる、熱がひく

Bǎobao yǐjīng tuìshāo le.

[例] 宝宝已经退烧了。

赤ちゃんの熱はもう下がった。

---

gāoshāo

高烧

名 高熱（一般に39度以上を指す）

Bànyè fā gāoshāo kěyǐ qù jízhěn ma?

[例] 半夜发高烧可以去急诊吗?

夜中に高熱が出た場合、救急外来に行ってもいいの？

---

dīshāo

低烧

名 微熱

Tā zuìjìn yìzhí fā dīshāo bú tuì.

[例] 她最近一直发低烧不退。

彼女は最近ずっと微熱が続いて下がらない。

---

shāoxīn

烧心

動〈口〉胸焼けする

Wǒ juéde yǒudiǎn(r) shāoxīn.

[例] 我觉得有点ル烧心。

ちょっと胸焼けがするようだ。

yào

名 薬

Nǐ bié luàn chī yào.

［例］**你别乱吃药。**

むやみに薬を飲んではだめだ。

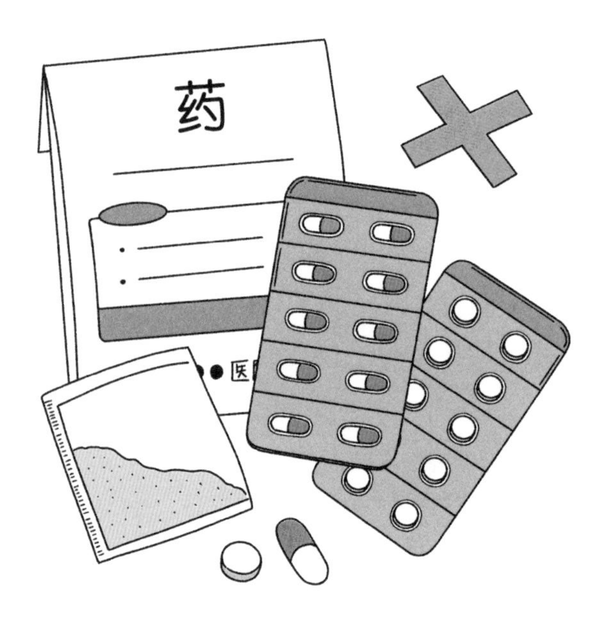

▶▶▶ 関連語句

「風邪薬」は“感冒药gǎnmàoyào”、「胃薬」は“胃药wèiyào”、「睡眠薬、睡眠導入剤」は“安眠药ānmiányào”、「痛み止め（鎮痛剤）」は“止痛药zhǐtòngyào”と言う。「薬局」は“药店yàodiàn”。

zhōngyào
中药
名 漢方薬

Nǐ shì bu shì rènwéi zhōngyào jiànxiào màn?

[例] **你是不是认为中药见效慢?**

漢方薬は効くのが遅いと思っているんじゃない?

---

xīyào
西药
名 西洋薬

Chī zhōngyào、xīyào dōu yǒu yìxiē fùzuòyòng.

[例] **吃中药，西药都有一些副作用。**

漢方薬にせよ、西洋薬にせよ多少の副作用はある。

---

yàofāng
药方
名 処方箋

Yīshēng kāi de yàofāng, bìngrén dōu kànbudǒng.

[例] **医生开的药方，病人都看不懂。**

医師の書いた処方箋、患者はみな読めない。

語源メモ

“良药苦口 liángyào-kǔkǒu”（良薬は口に苦し）は“良药苦口利于病，忠言逆耳利于行 Liángyào kǔkǒu lìyú bìng, zhōngyán nì'ěr lìyú xíng”（良薬は口に苦いが病気に効き、忠言は耳に痛いが行いのためになる）と続き、実際の薬のことを言うときもあれば、比喩的に使われることもある。

téng

形 痛い、かわいがる

Wǒ zuò diǎn(r) shì jiù yāo suān tuǐ téng.

［例］我做点ル事就腰酸腿疼。

ちょっと何かしただけで足腰が痛くなる。

téngtòng

疼痛

形 痛い

Zàochéng xīgài téngtòng de yuányīn hěn duō.

［例］造成膝盖疼痛的原因很多。

膝の痛みを引き起こす原因はいろいろだ。

tóuténg
头疼

形 頭痛がする

Wǒ tóuténgde lìhai.
[例] **我头疼得厉害。**
頭痛がひどい。

---

xīnténg
心疼

動 (心から) かわいがる、惜しがる

Zuì xīnténg wǒ de rén háishi wǒ fùmǔ.
[例] **最心疼我的人还是我父母。**
私のことを一番大切に思ってくれているのはやはり親だ。

---

bù téng bù yǎng
不疼不痒

成 核心にふれない、痛痒 (つうよう) を感じない

Tā zài huìshang jiǎng le xiē bù téng bù yǎng de huà.
[例] **他在会上讲了些不疼不痒的话。**
彼は会議でおざなりの説明を繰り返した。

▶議論や批判などについて、解決しないことに対するつまらなさや、いい加減さに対するもどかしさを表すことが多い。

語源メモ

「痛い」の意味では、北方では話し言葉で“疼téng”を用い、書き言葉では“痛tòng”を使うことが多いが、南方では逆に“痛”を口語で多用する。
[例] 他最近总说肚子痛。Tā zuìjìn zǒng shuō dùzi tòng.
(彼は最近しょっちゅうお腹が痛いと言う。)

shāng

伤

名 動 **けが、けがをする、傷つける**

shòu//shāng

受伤

動 けがをする

Chēhuò zhōng zuì róngyì shòushāng de shì tóubù.

［例］**车祸中最容易受伤的是头部。**

交通事故で最もけがをしやすいのは頭部だ。

▶▶▶ 関連語句

"伤"は動詞のうしろについて結果補語として使用されることが多い。

［例］扭伤 niǔshāng　ねんざする、関節をくじく

撞伤 zhuàngshāng　ぶつかってけがをする

摔伤 shuāishāng　転んでけがをする

shāngkǒu

伤口

名 傷口

Shǒushù hòu bàn nián le, shāngkǒu hái hěn téng.

[例] 手术后半年了，伤口还很疼。

手術から半年経った今でも、傷口がまだ痛む。

---

shānghài

伤害

動 害する、傷つける、損なう、壊す

Qǐng búyào zìjǐ shānghài zìjǐ!

[例] 请不要自己伤害自己！

自分で自分を傷つけないで！

---

shāoshāng

烧伤

名（高温の火での）やけど

Tā de yì zhī shǒu bèi yánzhòng shāoshāng.

[例] 她的一只手被严重烧伤。

彼女は片手に（火事などにより）ひどいやけどを負った。

▶熱湯や熱い油などの炎のないものによるやけどは“烫伤 tàngshāng”。

---

shāng//xīn

伤心

形 悲しむ、悲しくなる、くやしい

Nǐ búyào nàme shāngxīn, hǎo bu hǎo?

[例] 你不要那么伤心，好不好？

そんなに悲しまないで。

yūn

暈1

形 動 **めまいがする、気絶する**

Tā yì qǐ shēn jiù yūnguòqu le.

［例］**她一起身就晕过去了。**

彼女は立ち上がるとすぐに気を失った。

tóuyūn

头晕

動 **めまいがする**

Wǒ zuìjìn jīngcháng tóuyūn.

［例］**我最近经常头晕。**

私は最近よくめまいがする。

yūndǎo

暈倒

動 気を失って倒れる、卒倒する

Tīngdào zhèige xiāoxi hòu, tā dāngchǎng yūndǎo.

[例] 听到这个消息后，她当场晕倒。

その知らせを聞いて、彼女はその場で気を失って倒れた。

---

yùn

動 目が回る、（乗り物などに）酔う

Wǒ zhǐyào kàndào xiě, jiù huì yùn.

[例] 我只要看到血，就会晕。

私は血を見ただけで頭がくらくらする。

---

yùn//chē

暈车

動 車酔いする

Wǒ xiǎoshíhou jīngcháng yùnchē.

[例] 我小时候经常晕车。

子どものころよく車酔いをしていた。

---

yùn//chuán

暈船

動 船酔いする

Wǒ yǒudiǎn(r) ěxin, hǎoxiàng yùnchuán le.

[例] 我有点儿恶心，好像晕船了。

ちょっと吐き気がする。船酔いしたみたいだ。

zāi

名 **災難、災害、災い**

単独ではあまり使用しない。

zāihài

灾害

名 災害

Rìběn shì zìrán zāihài zuì duō de guójiā zhīyī.

［例］**日本是自然灾害最多的国家之一。**

日本は自然災害が多い国の１つだ。

語源メモ

“灾”という字が日本語の「災」の簡体字であることがわかれば、かなりの語が共通していることから理解しやすい。“灾难 zāinàn”（災難）、“火灾 huǒzāi”（火災）、“水灾 shuǐzāi”（水害）、“天灾 tiānzāi”（天災）など。ただし、「人災」は“人祸 rénhuò”。

shòu//zāi

受灾

動 災害を受ける、災難に遭う

Zhèicì dìzhèn zàochéng liǎng wàn rén shòuzāi.

[例] **这次地震造成２万人受灾。**

この地震で２万人が被災した。

---

zāiqū

灾区

名 被災地

Wǒmen gōngsī xiàng zāiqū juānkuǎn.

[例] **我们公司向灾区捐款。**

当社は被災地に義援金を送った。

▶「被災者」は“灾民 zāimín”、「被害状況」は“灾情 zāiqíng”。

---

fángzāi

防灾

動 災害を防ぐ

Měi ge rén dōu yào tígāo fángzāi jiǎnzāi yìshí.

[例] **每个人都要提高防灾减灾意识。**

１人ひとりが防災・減災意識を高めないと。

▶中国では2009年以降、５月12日を“全国防灾减灾日 quánguó fángzāi jiǎnzāi rì”（全国防災減災デー）と定めている。

jiù

救

動 （災難・危険から人を）救う、救済する

jiù//mìng

救命

動 命を助ける

Zhèi wèi jiù shì wǒ de jiùmìng ēnrén.

［例］这位就是我的救命恩人。

こちらが私の命の恩人です。

▶ "救命! jiùmìng!"（「助けて！」）と救助を求める表現としても使用される。

jiù//zāi
救灾
動 被災者を救済する

Dàliàng de zhìyuànzhě cānjiāle jiùzāi huódòng.
[例] **大量的志愿者参加了救灾活动。**
多くのボランティアが救援活動に参加した。

---

qiǎngjiù
抢救
動 応急手当てをする、蘇生措置をとる

Bìngrén zhèngzài qiǎngjiùshì qiǎngjiù.
[例] **病人正在抢救室抢救。**
患者は救急救命室で蘇生処置を受けているところだ。

---

jiùyuán
救援
動 救援する、救助する

Zhèicì dàzāihài de jiùyuán nándù fēicháng dà.
[例] **这次大灾害的救援难度非常大。**
この大災害の救助活動は非常に困難だった。

語源メモ

「応急救急措置をとる」ことを"急救jíjiù"と言う。
[例] 中国的急救电话号码是120。Zhōngguó de jíjiù diànhuà hàomǎ shì yāo èr líng.（中国の救急の電話番号は120番だ。）
「救急車」は"救护车jiùhùchē"（"急救车jíjiùchē"とも）、「救命救急センター」は"急救中心jíjiù zhōngxīn"、「救急箱（救急医療セット）」は"急救包jíjiùbāo"と言う。

bàba | bà
01 爸爸/爸 名 ▶ 父、お父さん

fù·qīn
02 父亲 名 ▶ 父

māma | mā
03 妈妈/妈 名 ▶ 母、お母さん

mǔ·qīn
04 母亲 名 ▶ 母

fùmǔ
05 父母 名 ▶ 両親、父母

gēge | gē
06 哥哥/哥 名 ▶ 兄、お兄さん

jiějie | jiě
07 姐姐/姐 名 ▶ 姉、お姉さん

dìdi | dì
08 弟弟/弟 名 ▶ 弟

mèimei | mèi
09 **妹妹/妹** 名 ▶ 妹

xiōngdì
10 **兄弟** 名 ▶ 兄弟

jiěmèi
11 **姐妹** 名 ▶ 姉妹

xiōngdì jiěmèi
12 **兄弟姐妹** 名 ▶ きょうだい

érzi
13 **儿子** 名 ▶ 息子

nǚ'ér
14 **女儿** 名 ▶ 娘

qīnqi
15 **亲戚** 名 ▶ 親戚

yéye
16 **爷爷** 名 ▶ （父方の）祖父

nǎinai
17 **奶奶** 名 ▶ （父方の）祖母

lǎoye
18 **姥爷** 名 ▶ （母方の）祖父

lǎolao
19 **姥姥** 名 ▶ （母方の）祖母

wàigōng
20 **外公** 名 ▶ 母方の祖父（南方でよく使われる）

wàipó
21 **外婆** 名 ▶ 母方の祖母（南方でよく使われる）

bóbo
22 **伯伯** 名 ▶ 伯父（父の兄）、おじさん

bófù
23 **伯父** 名 ▶ 伯父（父の兄）、（父と同年輩か父より年上の男性に対して）おじさん

bómǔ
24 **伯母** 名 ▶ 伯母（父の兄の妻）、（父と同年輩か父より年上の女性に対して）おばさん

25 shūshu **叔叔** 名 ▶ 叔父（父の弟）、（父より年下の男性に対して）おじさん

26 jiùjiu **舅舅** 名 ▶ （母方の）おじ、おじさん

27 āyí **阿姨** 名 ▶ おば（母の姉妹）、おばさん

28 yí **姨** 名 ▶ おば（母の姉妹）

29 tánggē **堂哥** 名 ▶ （父方の）従兄

30 tángjiě **堂姐** 名 ▶ （父方の）従姉

31 tángdì **堂弟** 名 ▶ （父方の）従弟

32 tángmèi **堂妹** 名 ▶ （父方の）従妹

biǎogē
33 表哥 名 ▶ （母方の）従兄

biǎojiě
34 表姐 名 ▶ （母方の）従姉

biǎodì
35 表弟 名 ▶ （母方の）従弟

biǎomèi
36 表妹 名 ▶ （母方の）従妹

zhàngfu
37 丈夫 名 ▶ 夫

qīzi
38 妻子 名 ▶ 妻

lǎogōng
39 老公 名 ▶ 旦那（夫）

lǎopo
40 老婆 名 ▶ 女房（妻）

日本語の「老婆」とは違うので注意！

41 公公 名 ▶ 夫の父、しゅうと
gōnggong

42 婆婆 名 ▶ 夫の母、しゅうとめ
pópo

43 岳父 名 ▶ 妻の父、岳父、しゅうと
yuèfù

44 岳母 名 ▶ 妻の母、岳母、しゅうとめ
yuèmǔ

45 孙子 名 ▶ 孫（息子の息子）
sūnzi

46 孙女 名 ▶ 孫娘（息子の娘）
sūn·nǚ

47 侄子 名 ▶ 甥、兄弟（世代を同じくする親戚）の息子、おい
zhízi

48 侄女 名 ▶ 姪、兄弟（世代を同じくする親戚）の娘、めい
zhínǚ

お金にまつわる単語

49 huòbì 货币 名 ▶ 貨幣

50 yìngbì 硬币 名 ▶ 硬貨

51 zhǐbì 纸币 名 ▶ 紙幣

52 wàibì 外币 名 ▶ 外貨

53 rénmínbì 人民币 名 ▶ 人民元

54 rìyuán 日元 名 ▶ 日本円

55 měiyuán 美元 名 ▶ 米ドル

56 ōuyuán 欧元 名 ▶ ユーロ

yīngbàng

57 **英镑** 名 ▶ 英ポンド

yuán

58 **元** 量 ▶ 中国の基本通貨の単位、～元

kuài

59 **块** 量 ▶ 中国の〈口〉基本通貨の単位、～元

xiànjīn

60 **现金** 名 ▶ 現金

duìhuàn

61 **兑换** 動 ▶ 両替する

shōujù

62 **收据** 名 ▶ レシート

yínháng

63 **银行** 名 ▶ 銀行

費用を表す単語

shēnghuófèi

64 **生活费** 名 ▶ 生活費

zhùsùfèi
65 **住宿费** 名 ▶ 住居費、宿泊費

huǒshifèi
66 **伙食费** 名 ▶ 食費

shuǐdiànfèi
67 **水电费** 名 ▶ 水道代と電気代

jiāotōngfèi
68 **交通费** 名 ▶ 交通費

lùfèi
69 **路费** 名 ▶ 旅費（交通費・宿泊費・食事代などを含む）

教育機関や教育にまつわる単語

xuéxiào
70 **学校** 名 ▶ 学校

tuō'érsuǒ
71 **托儿所** 名 ▶ 保育園

yòu'éryuán
72 **幼儿园** 名 ▶ 幼稚園

xiǎoxué
73 **小学** 名 ▶ 小学校

zhōng-xiǎoxué
74 **中小学** 名 ▶ 小中学校、高校

chūzhōng
75 **初中** 名 ▶ 中学校

gāozhōng
76 **高中** 名 ▶ 高等学校

gāoxiào
77 **高校** 名 ▶ 大学など高等教育機関（"高等学校 gāoděng xuéxiào" の略）

日本の高校とは意味が異なるので注意！

dàxué
78 **大学** 名 ▶ 大学

yánjiūshēngyuàn
79 **研究生院** 名 ▶ 大学院

yánjiūsuǒ
80 **研究所** 名 ▶ 研究所

lǎoshī
81 **老师** 名 ▶ 先生（教師に対してだけでなく、学校の職員に対して呼びかける際にも使用される）

xué·shēng
82 **学生** 名 ▶ 学生、生徒

xiǎoxuéshēng
83 **小学生** 名 ▶ 小学生

zhōngxuéshēng
84 **中学生** 名 ▶ 中学生、高校生、中高生

dàxuéshēng
85 **大学生** 名 ▶ 大学生

yánjiūshēng
86 **研究生** 名 ▶ 大学院生

tóngxué
87 **同学** 名 ▶ 同級生、クラスメイト

xiàozhǎng
88 **校长** 名 ▶ 学長、校長

89 yuànzhǎng 院长 名 ▶ 院長、校長、学院長

住まい・家の中のものにまつわる単語

90 kètīng 客厅 名 ▶ 応接間、リビングルーム

91 wòshì 卧室 名 ▶ 寝室

92 wèishēngjiān 卫生间 名 ▶ バスルーム、洗面所（多くはトイレを含む）

93 yùshì 浴室 名 ▶ 浴室、風呂場

94 shūfáng 书房 名 ▶ 書斎

95 yángtái 阳台 名 ▶ ベランダ、バルコニー、物干し台

96 mén 门 名 ▶ ドア

chuānghu
97 **窗户** 名 ▶ 窓

家電製品を表す単語

bīngxiāng
98 **冰箱** 名 ▶ 冷蔵庫

wēibōlú
99 **微波炉** 名 ▶ 電子レンジ

diànfànguō
100 **电饭锅** 名 ▶ 電気炊飯器

kōngtiáo
101 **空调** 名 ▶ エアコン

diànfēngshàn
102 **电风扇** 名 ▶ 扇風機

家具を表す単語

chuáng
103 **床** 名 ▶ ベッド

zhuōzi
104 **桌子** 名 ▶ 机、テーブル

cānzhuō

105 **餐桌** 名 ▶ ダイニングテーブル、食卓

yīguì

106 **衣柜** 名 ▶ 洋服だんす

shūjià

107 **书架** 名 ▶ 本棚

shāfā

108 **沙发** 名 ▶ ソファー（英語の sofa の音訳）

yǐzi

109 **椅子** 名 ▶ 背もたれのある椅子

dèngzi

110 **凳子** 名 ▶ 背もたれのない椅子、腰掛け

診療科を表す単語

nèikē

111 **内科** 名 ▶ 内科

wàikē

112 **外科** 名 ▶ 外科

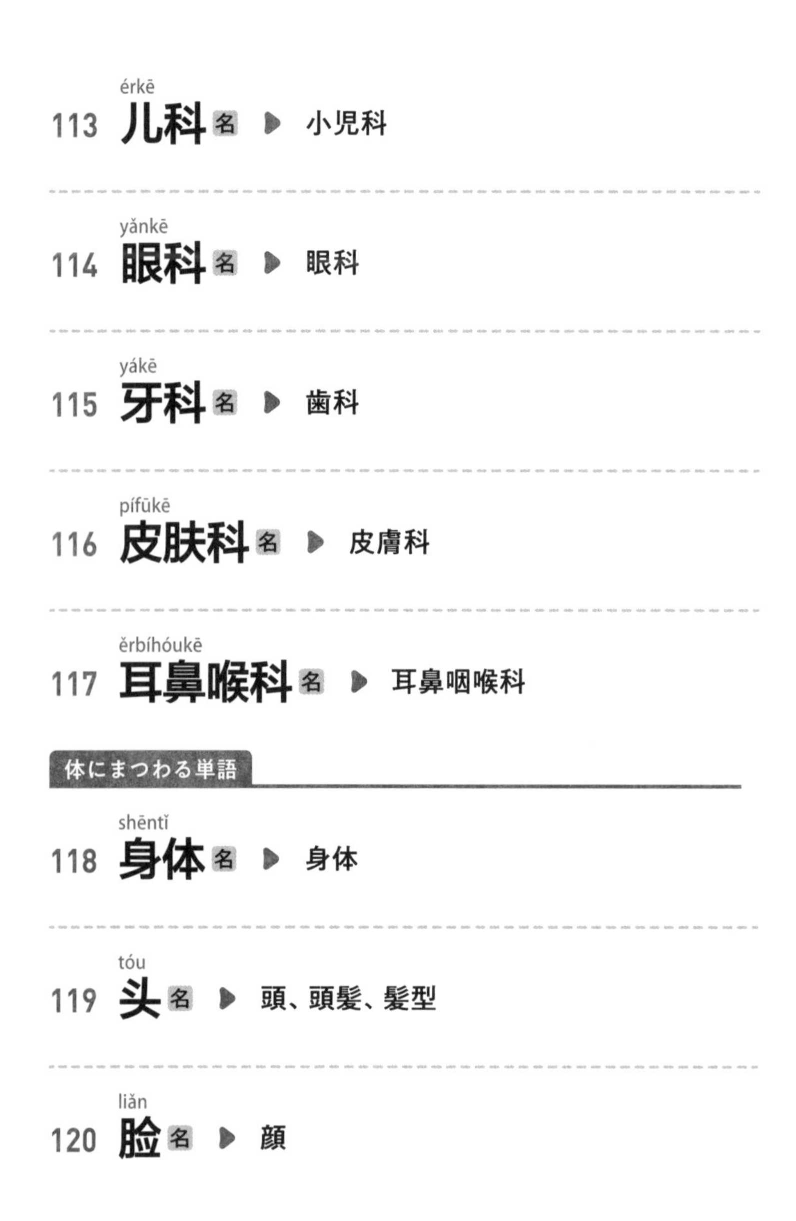

113 儿科 érkē 名 ▶ 小児科

114 眼科 yǎnkē 名 ▶ 眼科

115 牙科 yákē 名 ▶ 歯科

116 皮肤科 pífūkē 名 ▶ 皮膚科

117 耳鼻喉科 ěrbíhóukē 名 ▶ 耳鼻咽喉科

体にまつわる単語

118 身体 shēntǐ 名 ▶ 身体

119 头 tóu 名 ▶ 頭、頭髪、髪型

120 脸 liǎn 名 ▶ 顔

yǎnjing
121 **眼睛** 名 ▶ 目

ěrduo
122 **耳朵** 名 ▶ 耳

bízi
123 **鼻子** 名 ▶ 鼻

zuǐ
124 **嘴** 名 ▶ 口

zuǐba
125 **嘴巴** 名 ▶ (口) 口、ほお、口の近く

zuǐchún
126 **嘴唇** 名 ▶ 唇

shétou
127 **舌头** 名 ▶ 舌

yáchǐ
128 **牙齿** 名 ▶ 歯

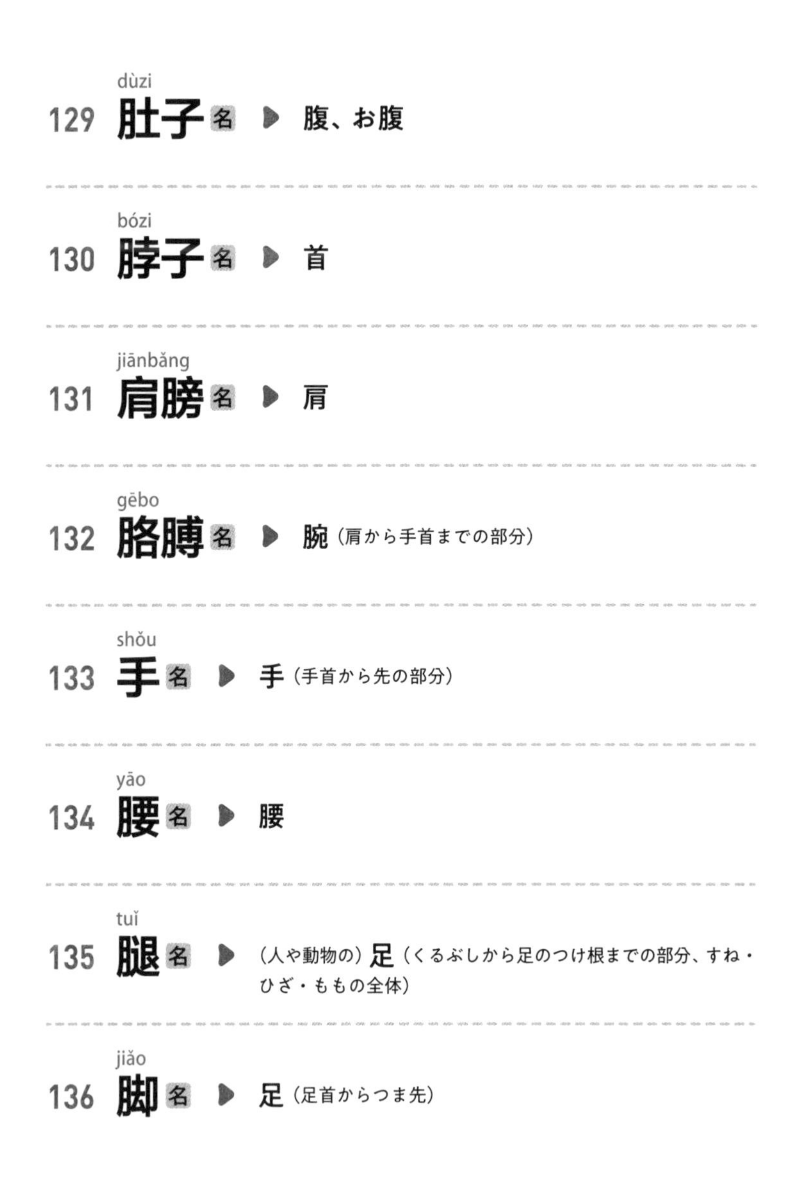

129 肚子 dùzi 名 ▶ 腹、お腹

130 脖子 bózi 名 ▶ 首

131 肩膀 jiānbǎng 名 ▶ 肩

132 胳膊 gēbo 名 ▶ 腕（肩から手首までの部分）

133 手 shǒu 名 ▶ 手（手首から先の部分）

134 腰 yāo 名 ▶ 腰

135 腿 tuǐ 名 ▶ （人や動物の）足（くるぶしから足のつけ根までの部分、すね・ひざ・ももの全体）

136 脚 jiǎo 名 ▶ 足（足首からつま先）

137 膝盖 xīgài 名 ▶ ひざ、ひざ頭

138 心脏 xīnzàng 名 ▶ 心臓

139 肺 fèi 名 ▶ 肺

140 肠 cháng 名 ▶ 腸

141 胃 wèi 名 ▶ 胃、胃袋

142 骨头 gǔtou 名 ▶ 骨

病気を表す単語

143 心脏病 xīnzàngbìng 名 ▶ 心臓病

144 糖尿病 tángniàobìng 名 ▶ 糖尿病

fèiyán
145 **肺炎** 名 ▶ 肺炎

chángwèiyán
146 **肠胃炎** 名 ▶ 胃腸炎

zhīqìguǎnyán
147 **支气管炎** 名 ▶ 気管支炎

"气管炎qìguǎnyán"とも言うが、"妻管严qīguǎnyán"（妻の管理が厳しい）と音が似ていることから、俗に「恐妻家」を指す。

àizībìng
148 **艾滋病** 名 ▶ エイズ

体の症状を表す単語

pínxuè
149 **贫血** 動 ▶ 貧血を起こす、貧血になる

ěxin
150 **恶心** 形 動 ▶ 吐き気をもよおす、むかつく

ǒutù
151 **呕吐** 動 ▶ 嘔吐する、吐く

liú bítì
152 **流鼻涕** 動目 ▶ 鼻水が出る

lā dùzi

153 **拉肚子** 動目 ▶ 腹をくだす、腹をこわす、下痢をする

késou

154 **咳嗽** 動 ▶ 咳が出る

dǎ pēntì

155 **打喷嚏** 動目 ▶ くしゃみをする

chōu//jīn

156 **抽筋** 動 ▶ 〈口〉けいれんする、筋がひきつる

MEMO

MEMO

第4章

「行」にかかわる語源

- 「交通」にまつわる
- 「通信」にまつわる

chē
车

名 **車両全般（自動車、汽車、バイク、自転車など）**

qìchē
汽车

名 自動車

Zuòzài qìchē hòupái gèng róngyì yùnchē.
［例］**坐在汽车后排更容易晕车。**
車は後部座席のほうが酔いやすい。

▶日本語の「汽車」と間違えないように！

▶▶▶ 関連語句

「新車」は"新车 xīnchē"、「中古車」は"二手车 èrshǒuchē"、「始発バス（列車）」は"首班车 shǒubānchē"、「最終バス（列車）」は"末班车 mòbānchē"。

huǒchē

火车

名 汽車、列車

Wǒ jīhū měitiān dōu zuò huǒchē.

[例] **我几乎每天都坐火车。**

私はほぼ毎日電車に乗る。

▶ 日本の「電車」もふつうは“火车”。「列車」は“列车 lièchē”とも。

---

gōngjiāochē

公交车

名 路線バス

Wǒmen háishi zuò gōngjiāochē qù ba!

[例] **我们还是坐公交车去吧！**

私たちやっぱりバスで行こうよ。

---

diànchē

电车

名 路面電車、トロリーバス

Yǒuguǐ diànchē kāitōng hòu, chūxíng biànde fāngbiàn.

[例] **有轨电车开通后，出行变得方便。**

路面電車の開通後、出掛けるのが便利になった。

---

dǔ//chē

堵车

動（道路などで車が）渋滞する

Jīntiān dǔchē dǔde hěn yánzhòng.

[例] **今天堵车堵得很严重。**

今日はひどく渋滞している。

zhàn
站

名 **駅、停留所、サービスステーション**

chēzhàn
车站

名 駅、バス停、停留所

Dàole chēzhàn, wǒ zài gěi nǐ dǎ diànhuà.
［例］**到了车站，我再给你打电话。**
駅に着いたら電話するよ。

▶▶▶ 関連語句

「始発駅」は“始发站 shǐfāzhàn”、「終着駅」は“终点站 zhōngdiǎnzhàn”、「次の駅」は“下一站 xià yí zhàn”、「前の駅」は“上一站 shàng yí zhàn”。

huǒchēzhàn

火车站

名 列車の駅

Jiǔdiàn jiù zài huǒchēzhàn pángbiān.

[例] 酒店就在火车站旁边。

ホテルは駅のすぐそばだ。

---

jiāyóuzhàn

加油站

名 ガソリンスタンド

Gǎnjǐn zhǎo ge jiāyóuzhàn jiā yóu ba!

[例] 赶紧找个加油站加油吧！

急いでガソリンスタンドを探してガソリンを入れてよ！

▶"加油!"は「頑張れ！」という声援としても使われる。

---

zhàntái

站台

名（駅の）プラットホーム

Zài zhàntái děngle hǎojiǔ dōu bú jiàn chē lái.

[例] 在站台等了好久都不见车来。

長い間ホームで待っているが、電車が来る気配がない。

tiě
铁

名 鉄

dìtiě
地铁

名 地下鉄

Zuò dìtiě qù bǐ zuò gōngjiāochē kuài.
[例] 坐地铁去比坐公交车快。
地下鉄で行ったほうがバスよりも早い。

dìtiězhàn

地铁站

名 地下鉄の駅

Yì chū huǒchēzhàn, jiù shì dìtiězhàn.

[例] 一出火车站，就是地铁站。

列車の駅を出ると、すぐに地下鉄の駅がある。

---

tiělù

铁路

名 鉄道

Tā cóngxiǎo jiù duì tiělù tèbié gǎn xìngqù.

[例] 他从小就对铁路特别感兴趣。

彼は幼いころから鉄道に特に興味があった。

---

tiějǐng

铁警

名 鉄道警察（“铁路警察 tiělù jǐngchá”の略）

Tā de mèngxiǎng shì dāng yì míng tiějǐng.

[例] 他的梦想是当一名铁警。

彼の夢は鉄道警察官になることだった。

---

gāotiě

高铁

名 高速鉄道（“高速铁路 gāosù tiělù”の略）

Cóng Běijīng dào Shànghǎi zuò gāotiě yào sì ge bàn xiǎoshí.

[例] 从北京到上海坐高铁要四个半小时。

北京から上海までは高速鉄道で4時間半かかる。

lù
路

名 **道**

Zhèi tiáo lù hěn zhǎi, láiwǎng de chē què hěn duō.
[例] **这条路很窄，来往的车却很多。**
この道は狭いのに、車の往来が多い。

mǎlù
马路

名 道路

Guò mǎlù shí, bìxū zǒu bānmǎxiàn.
[例] **过马路时，必须走斑马线。**
道路を渡るときは、必ず横断歩道を通りなさい。

gāosù gōnglù

高速公路

名 高速道路

Wǒ zěnme yě zhǎobudào gāosù gōnglù rùkǒu.

[例] **我怎么也找不到高速公路入口。**

高速道路の入り口をどうにも見つけられない。

---

lùkǒu

路口

名 交差点

Shízì lùkǒu shì jiāotōng shìgù gāofā dì.

[例] **十字路口是交通事故高发地。**

十字路は交通事故が起こりやすい場所だ。

▶「三叉路」は"三岔路口 sānchà lùkǒu"、「T字路」は"丁字路口 dīngzì lùkǒu"。

---

wènlù

问路

動目 道を尋ねる

Yǒu wèi lǎowài xiàng wǒ wènlù, xīnli hěn jǐnzhāng.

[例] **有位老外向我问路，心里很紧张。**

外国人に道を聞かれ、すごく緊張した。

---

mí//lù

迷路

動 道に迷う、方向を見失う

Wǒmen hǎoxiàng mílù le.

[例] **我们好像迷路了。**

僕たちどうやら道に迷ったようだ。

shàng

上

動 方 上がる、登る、(乗り物に)乗る、～の上（表面）

shàng//chē

上车

動 乗車する

Shàngchē ba, wǒ sòng nǐ dào huǒchēzhàn!

［例］上车吧，我送你到火车站!

乗って、駅まで送るよ！

▶“车上 chēshang”は名詞で「車上」「車内」の意味。

shàng//lóu

上楼

動 階上に上がる

Tā tuǐjiǎo bù hǎo, bù fāngbiàn shànglóu.

[例] **他腿脚不好，不方便上楼。**

彼は足が悪く、上の階に上がるのが大変だ。

▶ “楼上 lóushang” は名詞で「階上」「上の階」の意味。

---

gǎn//·shàng

赶上

動 間に合う、追いつく

Wǒ chàdiǎn(r) méi gǎnshang dìtiě.

[例] **我差点儿没赶上地铁。**

もう少しで地下鉄に乗り損なうところだった。

---

lùshang

路上

名 道路の上、道中、途中

Wǒ zài lùshang pèngjiànle yí ge péngyou.

[例] **我在路上碰见了一个朋友。**

途中、友人とばったり会った。

▶▶▶ 関連語句

「上ってくる」「乗り込んでくる」は“上来 shàng//·lái”、「上っていく」「乗り込んでいく」は“上去 shàng//·qù”。

xià

動 降りる

xià//chē
下车
動 乗り物から降りる

Qǐng děng chéngkè xiàchē hòu zài shàngchē.
[例] 请等乘客下车后再上车。
乗客が下りてからご乗車ください。

xià//lóu
下楼
動 **階上から降りる**

Zhèi jiā jiǔdiàn xiàlóu jiù shì hǎitān!
[例] **这家酒店下楼就是海滩!**
このホテル、階段を下りるとすぐに砂浜だ！
▸“楼下 lóuxia”は名詞で「階下」「下の階」の意味。

---

xià//·lái
下来
動 **(高いところから低いところへ) 下りてくる、下りる**

Wǒ zài lóuxia, nǐ kuài xiàlai ba.
[例] **我在楼下，你快下来吧。**
僕は下にいるよ、早く降りておいで。
▸“下去 xià//·qù”で「(高いところから低いところへ) 下りていく」「下りる」。

語源メモ

「雨や雪が降る」などの自然現象を表すときには、“下雨 xià yǔ”“下雪 xià xuě”などのように、意味上の主語が動詞のうしろ、つまり目的語の位置にくる。
[例] 我刚出门，突然下起雨来。Wǒ gāng chū mén, tūrán xiàqi yǔ lái.
(家を出たところで、突然雨が降ってきた。)

関連語源コラム

動詞の“上”や“下”はあまり単独で使用することはなく、ほかの動詞のうしろについて補語となることが多いが、標語やスローガンなど特定の環境下では単独で使用されることもある。
[例] “文明排队，先下后上。Wénmíng páiduì, xiān xià hòu shàng.”
(「マナーを守って並び、降りる人が先、乗る人は後。」)

qí

骑

動 （またがって）乗る

qí chē

骑车

動目 自転車やバイクに乗る

Nǐ qíchē qù háishi zuò chē qù?

［例］**你骑车去还是坐车去？**

バイクで行く？　それとも車で行く？

▶乗り物をより明確にしたいときには、“骑摩托车 qí mótuōchē”（バイクに乗る）、“骑自行车 qí zìxíngchē”（自転車に乗る）のように言う。「電気自転車」は“电动车 diàndòngchē”（“电动自行车 diàndòng zìxíngchē”の略）。

qí mǎ

骑马

動目 馬に乗る

Tā hěn xiǎng xué qí mǎ.

[例] 她很想学骑马。

彼女は乗馬を習いたがっている。

---

qíjǐng

骑警

名 騎馬警察、警察騎馬隊

Zài Niǔyuē jiētóu néng kàndào qízhe mǎ de qíjǐng.

[例] 在纽约街头能看到骑着马的骑警。

ニューヨークの街角では馬に乗った騎馬警官が見られる。

▶ バイクなどに乗っている警官を指すこともある。

関連語源コラム

“骑马找马 qí mǎ zhǎo mǎ”は、「馬に乗っていながら馬を探す」という意味で、すぐ近くにあるのに気づかず、ほかの場所を探すことを表す。日本語のことわざ「灯台下暗し」に近い。もともとは、現在の職から離れずにほかのよい仕事を探すことを比喩する意味で使われていた。

[例] 戴着眼镜找眼镜，真是骑马找马!

Dàizhe yǎnjìng zhǎo yǎnjìng, zhēnshì qí mǎ zhǎo mǎ!

（メガネをかけたままメガネを探すのは、まさに「灯台下暗し」！）

kāi

开

動 **開ける、オンにする、操縦する、運転する、ばらばらになる**

Zuìhǎo búyào yì tiān dào wǎn kāi kōngtiáo.

［例］最好不要一天到晚开空调。

一日中エアコンをつけっ放しにしないほうがいい。

kāi//chē

开车

動 車を運転する

Wǒ qīzi xǐhuan zìjǐ kāichē.

［例］我妻子喜欢自己开车。

妻は自分で運転するのが好きだ。

▶“开夜车 kāi yèchē”には「夜間に車を運転する」という意味もあるが、「徹夜する（徹夜で仕事や勉強をする）」の意味で比喩的に使用されることが多い。

dǎ//kāi

打开

動 開ける

Qǐng nǐ dǎkāi hòubèixiāng.

[例] 请你打开后备箱。

車のトランクを開けてください。

---

kāi//jī

开机

動 機器のスイッチを入れる、起動する

Qìchē dǎohángyí tūrán wúfǎ kāijī le.

[例] 汽车导航仪突然无法开机了。

急にカーナビの電源が入らなくなった。

---

kāishǐ

开始

動 名 始まる、始める、初め

Wǒ zhōngyú kāishǐ xué kāichē le.

[例] 我终于开始学开车了。

ようやく車の運転を習い始めた。

---

kāi//mén

开门

動 ドアを開ける、開店する

Xiàchē kāimén yídìng yào dāngxīn zhōuwéi huánjìng.

[例] 下车开门一定要当心周围环境。

車を降りてドアを開ける際は、必ず周囲の状況に注意すること。

guān

关

動 閉める、オフにする、心にかける

Wǒ hǎoxiàng wàng guān chēchuāng le.

［例］我好像忘关车窗了。

車の窓を閉め忘れたみたい。

guān//jī

关机

動（機器の）電源を切る、シャットダウンする

Gōngsī yāoqiú sījī shàngchē shǒujī guānjī.

［例］公司要求司机上车手机关机。

会社は運転手に、乗車後は携帯電話の電源を切るように言った。

guānshang
关上
動補（ぴったりと）閉める、閉まる

Guānshang chēmén cái fāxiàn yàoshi hái zài chē li.
[例] 关上车门才发现钥匙还在车里。
車のドアを閉めた後、車内にまだキーがあることにようやく気がついた。

---

guān//mén
关门
動 ドアを閉める、閉店する、倒産する

Chēzhàn xiéduìmiàn nèi jiā shāngchǎng jǐ diǎn guānmén?
[例] 车站斜对面那家商场几点关门?
駅の斜め向かいにあるショッピングモールは何時に閉まるの？

---

guānbì
关闭
動（門や扉、窓などを）閉める、閉鎖する

Fāxiàn zuòcuò chē shí, chēmén yǐjīng guānbì le.
[例] 发现坐错车时，车门已经关闭了。
乗り間違えたと気づいたときには、すでにドアは閉まっていた。

---

kāiguān
开关
名（電気などの）スイッチ

Lāqi kāiguān jiù kěyǐ guānbì chēchuāng.
[例] 拉起开关就可以关闭车窗。
スイッチを引っ張り上げると車の窓を閉めることができる。

tíng

停

動 **止まる、止める**

Chē yīnggāi tíngzài nǎli?

［例］**车应该停在哪里?**

車はどこに停めたらいいの？

tíng//chē

停车

動 駐車する、停車する

Zài zhèr tíngchē yào fákuǎn.

［例］**在这儿停车要罚款。**

ここに駐車すると罰金をとられるよ。

▸「駐車場」は“停车场 tíngchēchǎng”。

tíngzhǐ

停止

動 やめる、止める

Huángdēng yí liàng, chē yīng zài tíngzhǐxiàn qián tíngzhǐ.

[例] **黄灯一亮，车应在停止线前停止。**

信号が黄色になったら、車は停止線の手前で停止しないといけない。

---

tíng·xià

停下

動補 （車・船などを）止める

Nǐ zài jí yě yào zài hóngdēng qián tíngxiàlai.

[例] **你再急也要在红灯前停下来。**

どんなに慌てていても、赤信号の前で止まらなきゃ。

---

bùtíng

不停

動 止まらない、絶えず、間断ない

Hòumiàn de chē bùtíng de àn lǎba.

[例] **后面的车不停地按喇叭。**

うしろの車が絶え間なくクラクションを鳴らしている。

---

tíngdiàn

停电

動 停電する

Zài dìtiě shang yùdào tíngdiàn shí, xiān bǎochí lěngjìng.

[例] **在地铁上遇到停电时，先保持冷静。**

地下鉄で停電になっても、まずは冷静さを保つこと。

huàn

動 **換える、取り替える、交換する**

Tā huànle yīfu hòu, qízhe chē shàngxué.

［例］ **他换了衣服后，骑着车上学。**

彼は着替えを終えると、すぐに自転車で学校に向かった。

huàn//chē

换车

動 （汽車やバスを）乗り換える

Wǒmen yào zài xià yí zhàn huànchē.

［例］ **我们要在下一站换车。**

私たち次の駅で乗り換えないと。

jiāohuàn

交換

動 交換する、取り交わす

Néng bu néng gēn wǒ jiāohuàn yíxià zuòwèi?

[例] 能不能跟我交换一下座位?

私と座席を変わっていただけませんか?

---

gēnghuàn

更換

動 取り替える、入れ替える

Qù gēnghuàn jiàzhào shí, búyào wàng dài shēnfènzhèng.

[例] 去更换驾照时,不要忘带身份证。

運転免許証を更新する際は、身分証を忘れずに。

---

zhuǎnhuàn

转换

動 転換する、変える

Zhuǎnhuàn fāngxiàng shí, bìxū shǐyòng zhuǎnxiàngdēng.

[例] 转换方向时,必须使用转向灯。

方向転換するときは、必ずウインカーを使用しなさい。

---

huànchéng

换成

動補 ~に替わる、替える

Chēdēng dōu kěyǐ huànchéng L-E-D dēngpào ma?

[例] 车灯都可以换成LED灯泡吗?

車のライトは全部、LEDライトに替えてもいいの?

xiū

動 **飾る、整える、修理する、補修工事をする**

xiū chē

修车

動目 車・自転車・バイクなどを修理する

Wǒ jiějie huì zìjǐ xiū chē.

［例］ **我姐姐会自己修车。**

姉は自分で車を修理できる。

xiūgǎi

修改

動 (文章や計画などを) 改正する、改訂する

Wǒmen bùdébù xiūgǎi rìchéng ānpái le.

[例] 我们不得不修改日程安排了。

スケジュールを見直す必要がありそうだよ。

---

wéixiū

维修

動 保守 (メンテナンス) と修理をする

Qìchē dōu yào dìngqī wéixiū bǎoyǎng.

[例] 汽车都要定期维修保养。

車はすべて定期的なメンテナンスと整備が必要だ。

---

zhuāngxiū

装修

動 (窓・水道・塗装といった家屋などの) 改修をする

Zhuāngxiū fángzi、qìchē dōu yào shènzhòng xuǎncái.

[例] 装修房子、汽车都要慎重选材。

家や車の改修にあたっては、慎重に素材を選ばないといけない。

---

xiūlǐ

修理

動 修理する、はさみで切り揃える

Qìchē bàotāi xiūlǐ yào duōshao qián?

[例] 汽车爆胎修理要多少钱?

車のパンク修理はいくらかかる？

dǎo
倒2

動 **倒れる、横倒しになる、事業が失敗する、つぶれる**

dǎo//chē
倒车2

動（汽車・バスなどを）乗り換える⇔倒车1（125ページ）

Yǐqián shàngbān dōu děi dǎo hǎo jǐ cì chē.
［例］以前上班都得倒好几次车。
以前は出勤するのに何度も乗り換える必要があった。

dǎoxia
倒下
動補 倒れる

Qìchē bèi dǎoxia de shù yāhuài le.
[例] 汽车被倒下的树压坏了。
倒木に車が押しつぶされた。

---

dǎobì
倒闭
動（企業が）破産する、つぶれる

Zuìjìn yǒu bùshǎo qìchē měiróngdiàn dǎobì.
[例] 最近有不少汽车美容店倒闭。
最近、カー・ディテーリング店の倒産が相次いでいる。

---

shuāidǎo
摔倒
動補 転んで倒れる

Xuě tiān lù huá, tèbié róngyì shuāidǎo.
[例] 雪天路滑，特别容易摔倒。
雪の日は道が滑りやすく、特に転びやすい。

関連語源コラム

「運が悪い」「ツイていない」ことを“倒霉dǎo//méi”と言う。“霉méi”（カビ→不運・不幸）はもともと“楣méi”（家の門や入り口に渡した横木）とも書き、一説には科挙制度があったころ浙江一帯では試験の合格を願ってそこに旗竿を立て、不合格だった場合にはその旗竿を下ろすことから、不運なことを表すようになったという。

zū

租

動 賃借りをする、(有料で) 借りる

Tā wèi zìjǐ bānjiā zūle yí liàng xiǎo huòchē.

[例] 他为自己搬家租了一辆小货车。

彼は自分で引っ越しをするのに小型のトラックを借りた。

zū//chē

租车

動 車をレンタルする

Qù Běihǎidào lǚxíng néng zài dāngdì zūchē ma?

[例] 去北海道旅行能在当地租车吗?

北海道へ旅行に行く際、現地でレンタカーを借りることはできる？

chūzū
出租
動 リースする、レンタルする（お金を払って借りる）

Zhèi jiā gōngsī zhuānmén chūzū háochē.
[例] 这家公司专门出租豪车。
この会社は高級車のレンタルを専門的に扱っている。

---

chūzūchē
出租车
名 タクシー

Tā shì yì míng fēicháng chūsè de chūzūchē sījī.
[例] 他是一名非常出色的出租车司机。
彼は非常に優れたタクシー運転手だ。

---

zūjīn
租金
名 レンタル料

Zū gòngxiǎng zìxíngchē yì tiān zūjīn duōshao?
[例] 租共享自行车一天租金多少?
シェアサイクルの一日あたりのレンタル料はいくら？

語源メモ

話し言葉では「タクシーを拾う」ことを“打车dǎ//chē”または“打的dǎ//dī””と言うほうが多い。“的”はタクシー（taxi）の音訳語“的士dīshì”からきている。
[例] 春节期间打车很不容易。Chūnjié qījiān dǎchē hěn bù róngyì.
（春節の期間中、タクシーを拾うのは一苦労だ。）

jiè

借

動 借りる、貸す

Jiè péngyou de chē wànyī chū chēhuò zěnme bàn?

[例] **借朋友的车万一出车祸怎么办？**

友だちの車を借りて事故でも起こしたらどうするの？

▶「借りる」「貸す」両方の意味があるので文脈で判断する必要がある。

jiè chē

借车

動目 車を（他人から）借りる、車を（他人に）貸す

Wǒ yǐwéi tā yǒu jiàzhào, jiù gēn tā jièle chē.

[例] **我以为她有驾照，就跟她借了车。**

彼女が運転免許を持っていると思い込んで、車を貸してしまった。

jiè qián
借钱
動目 金銭を（他人から）借りる、金銭を（他人に）貸す

Yǒu ge tóngshì gēn wǒ jiè qián, yìzhí bù huán.
[例] 有个同事跟我借钱，一直不还。
同僚にお金を貸したが、ずっと返してくれない。

---

jièzǒu
借走
動補 借りて持っていく

Wǒ de chē bèi érzi jièzǒu le.
[例] 我的车被儿子借走了。
息子が私の車を乗っていってしまった。

---

jiètiáo
借条
名（簡単な）借用証、借用メモ

Hǎoyǒu xiàng nǐ jiè qián yě yídìng yào dǎ jiètiáo.
[例] 好友向你借钱也一定要打借条。
仲のよい友達にお金を貸す場合でも、必ず借用書は用意すること。

---

jièyòng
借用
動 借用する、借りる、ほかの用途に使う

Néng jièyòng yíxià xǐshǒujiān ma?
[例] 能借用一下洗手间吗？
お手洗いをお借りできますか？

huán

動 **返す、返却する、（元の状態に）戻す、値切る**

Chē yàoshi, nǐ hái méi huángěi wǒ ba?

［例］**车钥匙，你还没还给我吧？**

車のキー、まだ返してくれてないよね？

huán chē

还车

動目 **借りていた車を返す**

Zūchē yìdì huán chē shì bu shì miǎnfèi?

［例］**租车异地还车是不是免费？**

レンタカーを違う場所で返却しても無料ですか？

huán qián

还钱

動目（借りていた）お金を返す

Tā měicì jiè qián, cónglái dōu méi huánguo qián.

[例] 他每次借钱，从来都没还过钱。

彼は毎回お金を借りて、今まで一度も返したことがない。

---

huánqīng

还清

動補（ローンなどを）完済する

Qìchē de dàikuǎn wǒ dōu huánqīng le.

[例] 汽车的贷款我都还清了。

車のローンはすべて完済した。

---

huán//yuán

还原

動 元に戻す、原状に復する

Xìtǒng shēngjí hòu hái kěyǐ huán yuán ma?

[例] 系统升级后还可以还原吗?

システムのアップグレード後、元のバージョンへの復元は可能ですか？

関連語源コラム

日本でもよく知られている「目には目を、歯には歯を」は“以眼还眼，以牙还牙yǐ yǎn huán yǎn, yǐ yá huán yá”と言い、相手から受けた害に対して同等の仕打ちをもって報いることを指すが、中国語では“还huán”（返す）という動詞を用いる。日本語では「目には目を」の部分だけが使用されることも多いが、中国語では“以牙还牙”の部分が使用されることが多い。

-jī-

-机-2

付 **飛行機**

fēijī

飞机

名 飛行機

Wǒ hǎojiǔ méiyǒu zuò fēijī le.

［例］**我好久没有坐飞机了。**

飛行機にはずいぶん乗っていない。

jīchǎng
机场
名 空港

Wǒ yùdìng de jiǔdiàn yǒu jīchǎng jiēsòng fúwù.
[例] 我预订的酒店有机场接送服务。
私が予約したホテルには空港送迎サービスがある。

---

jīpiào
机票
名 航空券（“飞机票 fēijīpiào” とも）

Wǒ mǎile yì zhāng fēiwǎng Xiānggǎng de jīpiào.
[例] 我买了一张飞往香港的机票。
私は香港行きの航空券を買った。

---

dēng//jī
登机
動（飛行機に）搭乗する

Hái yǒu shíwǔ fēnzhōng jiù yào dēngjī le.
[例] 还有15分钟就要登机了。
あと15分で搭乗時間だ。

---

zhuǎn//jī
转机
動（飛行機を）乗り継ぐ

Qù Àodàlìyà yào zài Xīnjiāpō zhuǎnjī.
[例] 去澳大利亚要在新加坡转机。
オーストラリアに行くにはシンガポールで乗り継ぎが必要だ。

chuán
船

名 **船**

huá chuán
划船

動目 船を漕ぐ

Huá chuán kànqilai róngyì, huáqilai què hěn nán.
［例］**划船看起来容易，划起来却很难。**
ボートは簡単そうに見えるが、実際に漕いでみると難しい。

▶（操縦などをせず）単に船などに「乗る」と言いたい場合、動詞は“坐 zuò”を用いる。

chuányuán
船员
名 船員、（船の）乗組員

Chuányuán yào hěn cháng shíjiān dōu zài hǎishang dùguò.
［例］船员要很长时间都在海上度过。
船の乗組員は多くの時間を海上で過ごさなければならない。

---

chuánzhǎng
船长
名 船長、キャプテン

Kùkè chuánzhǎng shì Yīngguó zuì wěidà de hánghǎijiā.
［例］库克船长是英国最伟大的航海家。
クック船長（Captain Cook）はイギリスで最も偉大な航海士である。

Fēichuán
飞船
名 宇宙船、飛行船

Wǒ de yuànwàng shì zuò fēichuán dào tàikōng kàn dìqiú.
［例］我的愿望是坐飞船到太空看地球。
私の願いは宇宙船に乗って宇宙から地球を見ることです。

---

fānchuán
帆船
名 ヨット

Wǒ jiā xiǎohái tèbié xǐhuan huá fānchuán.
［例］我家小孩特别喜欢划帆船。
うちの子はヨットに乗るのが大好きだ。

-yóu-

-邮-

付 郵便、郵便で送る

yóujiàn

邮件

名 郵便物

Zěnyàng cháxún guónèi jìdào guówài de yóujiàn?

［例］怎样查询国内寄到国外的邮件?

国内から海外へ送った郵便物を調べるにはどうしたらいい？

yóujú
邮局
名 郵便局

Yóujú li yǒu mài gèzhǒng dàxiǎo de xiāngzi.
[例] **邮局里有卖各种大小的箱子。**
郵便局では大小さまざまな箱が売られている。

---

yóupiào
邮票
名 切手

Wǒ yéye de àihào shì shōují wàiguó yóupiào.
[例] **我爷爷的爱好是收集外国邮票。**
祖父の趣味は外国の切手を収集することだ。

---

yóujì
邮寄
動 郵送する、郵便で送る

Xiànjīn shì jìnzhǐ yóujì de.
[例] **现金是禁止邮寄的。**
現金は郵送が禁止されている。

語源メモ

「Eメール」は"电子邮件 diànzǐ yóujiàn"。略して"电邮 diànyóu"、あるいは単に"邮件"とも言う。音訳語として"伊妹儿 yīmèir"も一時期よく使用されたが、最近ではそのまま「E-mail」と英語で表記・発音することも多い。
[例] 能告诉我你的电子邮件地址吗? Néng gàosu wǒ nǐ de diànzǐ yóujiàn dìzhǐ ma?（メールアドレスを教えていただけませんか?）

xìn

名 手紙、便り

Nǐ de xìn wǒ shōudào le.
［例］**你的信我收到了。**
お手紙を受け取りました。

duǎnxìn
短信

名 ショートメール

Wǒ gěi nǐ fāle duǎnxìn, nǐ kànle ma?
［例］**我给你发了短信，你看了吗?**
ショートメールを送ったけど、読んだ？

▸▸▸ 関連語句

「紹介状」は"介绍信 jièshàoxìn"、「推薦書」は"推荐信 tuījiànxìn"、手紙の「差出人」は"寄信人 jìxìnrén"、「受取人」は"收信人 shōuxìnrén"、「便箋」は"信纸 xìnzhǐ"、「はがき」は"明信片 míngxìnpiàn"と言う。

jì xìn
寄信
動目 手紙を送る

Wǒ zhínǚ xiǎng gěi Shèngdàn Lǎorén jì fēng xìn.
[例] **我侄女想给圣诞老人寄封信。**
姪がサンタさんに手紙を出したいと言っている。

---

xìnfēng
信封
名 封筒

Zài Rìběn, yóupiào yào tiēzài xìnfēng zuǒshàngfāng.
[例] **在日本，邮票要贴在信封左上方。**
日本では、切手は封筒の左上に貼る。

---

xìnxiāng
信箱
名 ポスト、郵便受け、メールボックス

Dǎkāi xìnxiāng, lǐmiàn yì fēng yóujiàn dōu méiyǒu.
[例] **打开信箱，里面一封邮件都没有。**
メールボックスを開けると、中にはメールが一通もなかった。

関連語源コラム

“微信 Wēixìn”（WeChat）は中国大陸で広く使用されているSNS。キャッシュレス化が急速に進んだ中国では、支払いも、人とのコミュニケーション（学校や職場からの通知を含む）も、これなくしてはかなり厳しいのが現状である。

xiě

動 **書く**

xiě zì

写字

動目 **字を書く、事務を執る**

Wǒ dìdi sān suì jiù huì xiě zì le.

［例］**我弟弟三岁就会写字了。**

弟は3歳で字が書けるようになった。

▸キーボードなどでタイプする場合は"打字dǎ zì"と言う。

▸▸▸ 関連語句

「オフィスビル」は"写字楼xiězìlóu"、「事務机、オフィス用デスク」は"写字台xiězìtái"と言う。

xiě xìn

写信

動目 手紙を書く

Wǒ nányǒu měi ge yuè dōu huì gěi wǒ xiě xìn.

[例] 我男友每个月都会给我写信。

彼氏は毎月、私に手紙を書いてくれる。

---

tīngxiě

听写

動 書き取りをする、ディクテーションをする

Lǎoshī měicì dōu ràng wǒmen tīngxiě shēngcí.

[例] 老师每次都让我们听写生词。

先生は毎回、私たちに新出単語の書き取りをさせる。

---

xiězuò

写作

動 文章を書く、文学作品を書く

Wǒ bú tài shàncháng xiězuò.

[例] 我不太擅长写作。

僕は文章を書くのがあまり得意ではない。

---

chāoxiě

抄写

動 書き写す、清書する

Lǎoshī yòu yāoqiú wǒmen chāoxiě shēngzì le.

[例] 老师又要求我们抄写生字了。

先生がまた新出単語を写すように言っている。

tián
填

動 （くぼみ・すきま・穴を）埋める
→（空欄に）記入する

Néng bu néng bāng wǒ tián yíxià rùjìngkǎ?
[例] 能不能帮我填一下入境卡?
入国カードの記入をお手伝いいただけませんか？

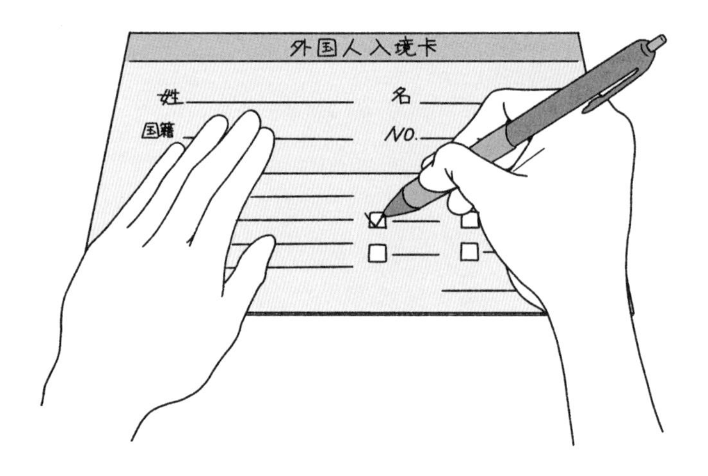

tián biǎo
填表

動目 表（フォーム）を書き埋める、表に記入する

Shēnqǐng qiānzhèng bìxū zàixiàn tián biǎo.
[例] 申请签证必须在线填表。
ビザを申請するにはオンラインでフォームに入力しないといけない。

tiánxiě

填写

動 （空欄に）書き込む、記入する

Qǐng zhǔnquè tiánxiě xìngmíng hé dìzhǐ.

［例］ 请准确填写姓名和地址。

名前と住所を正確にご記入ください。

---

tián//kòng

填空

動 テストの穴埋め問題を解く、（空いた地位・職務などを）補充する

Tiánkòngtí bú huì yě yào tiánkòng.

［例］ 填空题不会也要填空。

穴埋め問題はできなくても空欄を埋めなさい。

▶"填充 tiánchōng"とも。

---

tiánbǔ

填补

動 補充する、（欠けている部分を）埋める

Gōngsī xūyào jǐnkuài tiánbǔ kòngquē zhíwèi.

［例］ 公司需要尽快填补空缺职位。

会社はできるだけ早く欠員を補充する必要がある。

huí

動 返答する、返事する、帰る、返す、振り向く

huí//·lái

回来

動補 帰ってくる、戻ってくる

Tā gāng huílái méi jǐ tiān jiù huí chénglǐ qù le.

[例] **他刚回来没几天就回城里去了。**

彼は戻ってきたばかりで何日も経たないうちに、また街へと帰っていった。

▶「帰っていく」は“回去 huí//·qù”。

語源メモ

“回”は動詞のうしろにつけて方向補語として使用されることも多い。
[例]“买回来 mǎihuílai”（買って帰ってくる）、“走回来 zǒuhuílai”（歩いて帰ってくる）。

huí//xìn・huíxìn

回信

動 名 返事を出す、返事

Duì le, wǒ hái méi gěi tā huí xìn ne.

[例] 对了，我还没给她回信呢。

そうだ、まだ彼女に返事を書いていなかったよ。

---

huídá

動 答える

Wǒ bù zhīdào zěnme huídá cái hǎo.

[例] 我不知道怎么回答才好。

どう答えていいかわからない。

---

huí jiā

動目 帰宅する

Zhèi zhāng zhàopiàn shì zài huí jiā de lùshang pāi de.

[例] 这张照片是在回家的路上拍的。

この写真は帰り道で撮ったものだ。

---

huí guó

動目 帰国する

Wǒ yǐjīng dìnghǎole huí guó de jīpiào.

[例] 我已经订好了回国的机票。

帰国便のチケットはすでに予約済みだ。

-fù-

-复-

付 元通りになる・する、回復する・させる、回答する

huífù

回复

動 返事する

Hěn bàoqiàn, zhème wǎn cái gěi nín huífù!

［例］**很抱歉，这么晚才给您回复！**

お返事が遅くなり申し訳ございませんでした。

▶日本語では病気が治ることを「回復」と言うが、中国語では意味が異なる。

huīfù

恢复

動 体が回復する

Wǒ shǒushù hòu huīfùde hái suàn shùnlì.

[例] 我手术后恢复得还算顺利。

手術後の回復はまあ順調だと言える。

---

dá·fù

答复

動 回答する、返答する、返事する

Miànshìguān shuō yì zhōu nèi huì gěi wǒ dáfù.

[例] 面试官说一周内会给我答复。

面接官は一週間以内に結果を連絡すると言った。

---

kāngfù

康复

動 健康を取り戻す、リハビリする

Tā zài kāngfù zhōngxīn jiēshòu kāngfù zhìliáo.

[例] 她在康复中心接受康复治疗。

彼女はリハビリセンターでリハビリを受けている。

---

fùsū

复苏

動 生き返る、活力を取り戻す、回復する

Měi ge rén dōu yào zhǎngwò xīnfèi fùsū jìqiǎo.

[例] 每个人都要掌握心肺复苏技巧。

誰もが心肺蘇生術を身につける必要がある。

wǎng

名 **インターネット、網、ネット状のもの**

shàng//wǎng

動 インターネットにアクセスする

Zěnme tūrán shàngbuliǎo wǎng le?

［例］**怎么突然上不了网了?**

なんで急にインターネットに接続できなくなったの？

語源メモ

「オンラインショッピング」は中国でも相当に普及しており、“网上购物 wǎngshàng gòuwù”を略して“网购 wǎnggòu”と言う。

wǎngluò

网络

名 ネットワーク、インターネット

Wǒ wúfǎ xiǎngxiàng méiyǒu wǎngluò de shēnghuó.

[例] **我无法想象没有网络的生活。**

インターネットがない生活は想像できない。

---

wǎngyè

网页

名 ウェブページ

Wǒ de zhuānyè shì wǎngyè shèjì hé zhìzuò.

[例] **我的专业是网页设计和制作。**

僕の専攻はウェブデザインと制作です。

---

wǎngzhàn

网站

名 ウェブサイト

Zhè shì Dōngjīng Díshìní Dùjiàqū guānfāng wǎngzhàn.

[例] **这是东京迪士尼度假区官方网站。**

これは東京ディズニーリゾートの公式サイトです。

---

wǎngzhǐ

网址

名 ウェブサイトのURL

Zài kuàng li shūrù wǎngzhǐ jiù shēngchéng èrwéimǎ le.

[例] **在框里输入网址就生成二维码了。**

入力枠内にURLを入力するとバーコードが生成される。

piào

名 入場券、チケット、投票用紙

shòupiào

售票

動 切符・チケットを販売する

Shuǐzúguǎn xiàwǔ wǔ diǎn jiù tíngzhǐ shòupiào.

［例］**水族馆下午五点就停止售票。**

水族館は17時でチケット販売を終了する。

▸「切符売り場」は“售票处shòupiàochù”、「（自動）券売機」は“（自动）售票机（zìdòng）shòupiàojī”。

fāpiào

发票

名 領収書、レシート

Qǐng gěi wǒ kāi zhāng fāpiào.

[例] **请给我开张发票。**

領収書を発行してください。

---

chēpiào

车票

名（汽車・電車・バスなどの）乗車券、切符

Chūnyùn qījiān de chēpiào jīhū dōu mǎibudào.

[例] **春运期间的车票几乎都买不到。**

春節の時期には、切符はほとんど手に入らない。

---

ménpiào

门票

名（公園・博物館・展覧会などの）入場券

Rìběn Huánqiú Yǐngchéng yǒu diànzǐ ménpiào.

[例] **日本环球影城有电子门票。**

USJ（ユニバーサル・スタジオ・ジャパン）はeチケットを導入している。

---

tuì//piào

退票

動 切符の払い戻しをする・受ける

Chēpiào mǎicuòle, kěyǐ tuìpiào ma?

[例] **车票买错了，可以退票吗?**

切符を買い間違えたのですが、払い戻しはできますか？

MEMO

第5章

「游」にかかわる語源

- 「スポーツ」にまつわる
- 「アクティビティ」にまつわる

yùndòng

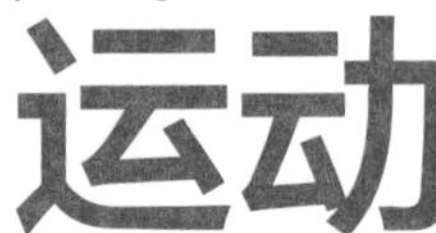

运动

動 名 **運動する、運動**

yùndònghuì

运动会

名 運動会、競技会

Tiánjìng yùndònghuì jiāng yánqīdào xià ge yuè.

[例] 田径运动会将延期到下个月。

陸上競技大会は来月に延期される。

Àoyùnhuì
奥运会
名 オリンピック（"奥林匹克运动会 Àolínpǐkè yùndònghuì"の略）

Èr líng èr líng nián Dōngjīng Àoyùnhuì shì èr líng èr yī nián jǔxíng de.
[例] **2020年东京奥运会是2021年举行的。**
2020年の東京オリンピックは2021年に開催された。

Yàyùnhuì
亚运会
名 アジア競技大会（"亚洲运动会 Yàzhōu yùndònghuì"の略）

Yàyùnhuì shì Yàzhōu guīmó zuì dà de yùndònghuì.
[例] **亚运会是亚洲规模最大的运动会。**
アジア競技大会はアジア最大の競技大会だ。

---

yùndòngyuán
运动员
名 スポーツ選手、アスリート

Yùndòngyuán de xīnlǐ yālì xiāngduì jiào dà.
[例] **运动员的心理压力相对较大。**
アスリートの心理的プレッシャーはかなり大きいものだ。

---

tǐyù yùndòng
体育运动
名 スポーツ

Wǒ cóngxiǎo jiù shàncháng tǐyù yùndòng.
[例] **我从小就擅长体育运动。**
私は小さいときからスポーツが得意だった。

qiú
球

名 **球技、ボール**

dǎ//qiú
打球

動 **球技をする**

Wǒ xǐhuan dǎqiú, yě xǐhuan kàn qiú.
[例] **我喜欢打球，也喜欢看球。**
僕は球技をするのも見るのも好きだ。

球技を表す単語は272ページへ。

zúqiú
足球
名 サッカー

Xiàkè hòu qù tī zúqiú, zěnmeyàng?
[例] **下课后去踢足球，怎么样?**
授業が終わったら、サッカーをしに行かない？
▸ほとんどの球技は動詞に“打dǎ”を使うが、サッカーは“踢”（蹴る）を用いる。

---

qiúmí
球迷
名 球技ファン

Qiúmímen kànjiàn jìnle qiú dà hǎn: "Hǎoqiú!"
[例] **球迷们看见进了球大喊：“好球!”**
ファンたちはボールが入ったのを見て「ナイスボール！」と叫んだ。
▸“-迷mí”は「マニア、ファン、愛好者」の意味。「歌手のファン」は“歌迷gēmí”、「映画ファン」は“影迷yǐngmí”と言う。“粉丝fěnsī”（英語のfansから）とも。

語源メモ

“球星qiúxīng”は「球技界のスター選手」を指すが、特に“足球明星zúqiú míngxīng”（サッカーのスター選手）の略語として使われることが多い。“明星míngxīng”は「スター、花形」の意味。このほか“歌星gēxīng”（人気歌手）、“电影明星diànyǐng míngxīng”の略語で“影星yǐngxīng”（映画スター）などがよく使用される。

huá

形 動 **つるつるしている、滑りやすい、滑る**

huádǎo

滑倒

動 滑って転ぶ

Lù hěn huá, māma yí bù xiǎoxīn huádǎozài dìshang.

［例］路很滑，妈妈一不小心滑倒在地上。

道が滑りやすいため、母はうっかり滑って転んでしまった。

huá//xuě
滑雪

動 スキーをする

Wǒ cónglái méiyǒu huáguo xuě.
[例] **我从来没有滑过雪。**
私は今までスキーをしたことがない。

---

huátī
滑梯

名（子どもの遊具）滑り台

Háizi sān suì le, hái hěn pà wán huátī.
[例] **孩子三岁了，还很怕玩滑梯。**
子どもは3歳になっても、まだ滑り台を怖がっている。

---

huá//bīng
滑冰

動 アイススケートをする

Huábīng shì wǒ rè'ài de tǐyù yùndòng zhīyī.
[例] **滑冰是我热爱的体育运动之一。**
アイススケートは大好きなスポーツの1つだ。

▸「フィギュアスケート」は“花样滑冰 huāyàng huábīng”、「スピードスケート」は“速度滑冰 sùdù huábīng”。

yóu

游1

動 泳ぐ［もともと“游”］

Wǒ yóude hěn màn, dàn néng yóu wǔbǎi mǐ.
［例］**我游得很慢，但能游五百米。**
僕は泳ぐのは遅いが、500メートルは泳げる。

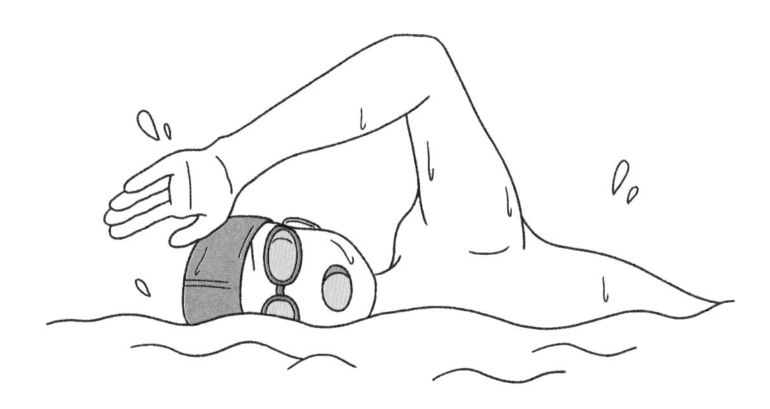

yóu//yǒng

游泳

動 泳ぐ

Wǒ zhízi sì suì kāishǐ xué yóuyǒng.
［例］**我侄子四岁开始学游泳。**
甥は4歳で水泳を始めた。

yóuyǒngchí

游泳池

名 プール

Wǒmen xuéxiào li méiyǒu yóuyǒngchí.

[例] 我们学校里没有游泳池。

僕たちの学校にはプールがない。

(yóu)yǒngyī

(游)泳衣

名 水着

Zhèige páizi de yóuyǒngyī zhìliàng hěn búcuò.

[例] 这个牌子的游泳衣质量很不错。

このブランドの水着は品質がよい。

(yóu)yǒngmào

(游)泳帽

名 水泳帽

Zài zhèr yóuyǒng yídìng yào dàishang yóuyǒngmào.

[例] 在这儿游泳一定要戴上游泳帽。

ここで泳ぐときは必ず水泳帽をかぶってください。

(yóu)yǒngjìng

(游)泳镜

名 水泳用ゴーグル

Wǒ zài hǎili diūguo (yóu)yǒngjìng.

[例] 我在海里丢过(游)泳镜。

海の中でゴーグルをなくしたことがある。

yóu

游2

動 **旅する［もともとは“遊”］**

lǚyóu

旅游

動 旅行する、観光する

Wǒ hé qīzi shì zài Sānyà lǚyóu shí rènshi de.

［例］ **我和妻子是在三亚旅游时认识的。**

僕と妻は三亜を旅行中に出会った。

yóukè
游客
名 観光客

Chūntiān qù shǎng yīnghuā de yóukè tèbié duō.
[例] 春天去赏樱花的游客特别多。
春は花見に行く観光客が特に多い。

---

dǎoyóu
导游
名 旅行ガイド

Nà wèi dǎoyóu kǒuyin tài zhòng le!
[例] 那位导游口音太重了!
あの旅行ガイドさん、なまりが強すぎる！

---

jiāoyóu
郊游
動 ピクニックをする、遠足に行く

Zhè shì běndìrén cháng qù jiāoyóu de dìfang.
[例] 这是本地人常去郊游的地方。
ここは地元の人たちがよくピクニックに行く場所だ。

---

yóulǎn
游览
動 遊覧する、見物する

Wǒ dài nǐmen qù yóulǎn yíxià Chángchéng ba.
[例] 我带你们去游览一下长城吧。
君たちに万里の長城を案内するよ。

pǎo

動 **走る**

háizimen zài shātān shang pǎo lái pǎo qù.

［例］**孩子们在沙滩上跑来跑去。**

子どもたちがビーチで走り回っている。

pǎo//bù

跑步

動 ジョギングする、ランニングする

Wǒ měitiān zǎoshang pǎobù sān gōnglǐ.

［例］**我每天早上跑步三公里。**

私は毎朝3キロのジョギングをしている。

chángpǎo

长跑

名 長距離競走

Chángpǎo shì yǒuyǎng yùndòng, duǎnpǎo shì wúyǎng yùndòng.

[例] **长跑是有氧运动，短跑是无氧运动。**

長距離走は有酸素運送だが、短距離走は無酸素運動だ。

---

bēnpǎo

奔跑

動（人や動物などが）駆け回る

Yùndòngyuán zài cāochǎng shang fēikuài de bēnpǎo.

[例] **运动员在操场上飞快地奔跑。**

選手が運動場で飛ぶように速く走っている。

---

pǎodào

跑道

名［スポーツ］トラック、コース

Tā zài pǎodào shang búshèn shuāidǎo.

[例] **他在跑道上不慎摔倒。**

彼はトラックで不注意から転倒してしまった。

関連語源コラム

“马拉松 mǎlāsōng”は「馬が松を引っ張る」!?　発音してみればわかるように、これは英語marathonの音訳語「マラソン」。日本語と異なり、外来語にいちいち漢字をあてて訳す中国語には、どの漢字をあてるかという日本語にはない苦労と楽しみがある。

zǒu

走

動 **（人や動物が）歩く、前に進む、行く、離れる**

古語では「走る」の意。

Shíjiān bù zǎo le, wǒ xiān zǒu le.

［例］**时间不早了，我先走了。**

もう遅いので、お先に失礼します。

zǒu//lù

走路

動 **道を歩く、（人が）歩く、離れる**

Wǒ jiā bǎobao huì zǒulù le.

［例］**我家宝宝会走路了。**

うちのベビーが歩けるようになった。

語源メモ

日本語で「裏口入学」などと言うように、不正なルートや手段で物を入手したり、入学や就職したりすることを、中国語でも“走后门zǒu hòumén”（裏口から入る）と言う。

zǒujìn

走进

動補 歩いて入る

Dāng tā zǒujìn jiàoshì, tóngxuémen chàngqile gē.

[例] **当他走进教室，同学们唱起了歌。**

彼が教室に入ってくると、生徒たちが歌を歌い始めた。

---

mànzǒu

慢走

動 お気をつけて（客を見送るときの言葉）

Diànyuán duì gùkè shuō: "Mànzǒu!".

[例] **店员对顾客说："慢走！"。**

店員はお客に「お気をつけて」と言った。

---

názǒu

拿走

動補 （手に取って）持っていく

Wǒ de yǔsǎn bèi biéren názǒu le.

[例] **我的雨伞被别人拿走了。**

私の傘を誰かに持っていかれてしまった。

---

táozǒu

逃走

動 逃走する、逃げる

Dǎitú yòng lì qiǎng wǒ de píbāo táozǒu le.

[例] **歹徒用力抢我的皮包逃走了。**

暴漢は私のバッグをひったくって逃げていった。

pá
爬

動 這う、這い上がる
→（山や階段などを）登る

Páshang wūdǐng qù chǎn xuě shí yào géwài xiǎoxīn.
［例］爬上屋顶去铲雪时要格外小心。
屋根に上って雪かきをするときは特に注意が必要だ。

pá shān
爬山

動目 山登りする

Tā měi ge zhōumò dōu yào qù pá shān.
［例］他每个周末都要去爬山。
彼は毎週末、登山に出掛けている。

pá shù
爬树
動目 木登りをする

Dàxióngmāo xǐhuan pá shù.
[例] 大熊猫喜欢爬树。
パンダは木登りが好きだ。

---

páyǒng
爬泳
名 クロール、自由型

Wǒ huì wāyǒng, hái bú huì páyǒng.
[例] 我会蛙泳，还不会爬泳。
私は平泳ぎはできるが、クロールはまだできない。

---

pá shéng
爬绳
動目 ロープクライミングをする

Bàoyǔ zhōng, xiāofángyuán pá shéng jiù rén.
[例] 暴雨中，消防员爬绳救人。
大雨の中、消防士がロープをつたって人を救助した。

---

pá gān
爬竿
動目 竿（棒）登りする、ポールクライミングをする

Pá gān shì yí xiàng yǒuyì de tǐyù yùndòng.
[例] 爬竿是一项有益的体育运动。
棒登りは有益なスポーツだ。

-jiàn-

-健-

付 **文夫である、健やかである**

jiànshēn

健身

動 **フィットネスをする、健康な体を作る**

Liàn tàijíquán jiànshēn yòu jiàn xīn.

［例］**练太极拳健身又健心。**

太極拳を習うと、健康な体を作るだけでなく心も鍛えられる。

▶「フィットネスクラブ」「スポーツジム」は“健身房 jiànshēnfáng”。

jiànkāng

健康

形 健康である、健全である

“Zhù nǐ shēntǐ jiànkāng, wànshì rúyì!”

[例] “祝你身体健康，万事如意！”

「ご健康と成功をお祈りしております。」

---

jiànquán

健全

形 健全である、整っている

Jiàoyù de mùdì shì péiyǎng shēnxīn jiànquán de rén.

[例] 教育的目的是培养身心健全的人。

教育の目的は心身ともに健全な人間を育成することだ。

---

bǎojiàn

保健

動 健康を守る

Wǒmen bù néng dān kào bǎojiàn shípǐn wéihù jiànkāng.

[例] 我们不能单靠保健食品维护健康。

健康食品だけに頼って健康を維持してはいけない。

▶ 中国衛生部の「保健食品管理弁法」(1996年制定) で品質が保証された食品のことを“保健食品”と言う。

球技を表す単語

lánqiú
01 **篮球** 名 ▶ バスケットボール

páiqiú
02 **排球** 名 ▶ バレーボール

yǔmáoqiú
03 **羽毛球** 名 ▶ バドミントン

bàngqiú
04 **棒球** 名 ▶ 野球

gāo'ěrfūqiú
05 **高尔夫球** 名 ▶ ゴルフ

pīngpāngqiú
06 **乒乓球** 名 ▶ 卓球

wǎngqiú
07 **网球** 名 ▶ テニス

番外編

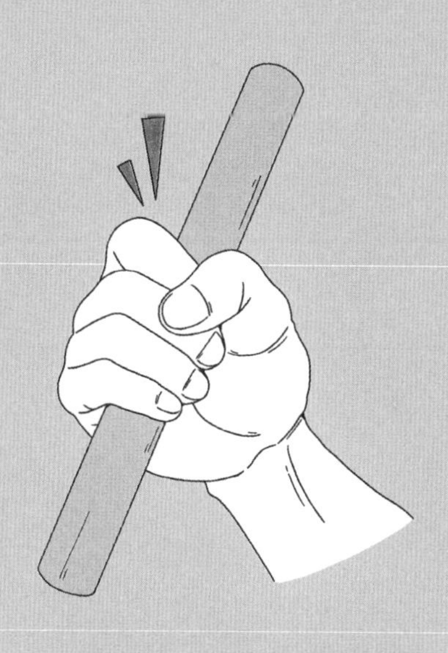

意味の派生がわかる語源

zài
在1

動 **～にいる、～にある**

もともと動詞だったが前置詞や副詞の用法ができ、さらにそれらが共存している。

Wǒ zài shūdiàn li.
[例] **我在书店里。**
私は本屋にいる。

派生①

zài
在2

前 **（場所）～で**

Wǒ zài shūdiàn li zhǎo yì běn shū.
[例] **我在书店里找一本书。**
私は本屋で本を探している。

派生②

zài
在3

副 **～しているところだ**

Wǒ zài zhǎo yì běn shū.
[例] **我在找一本书。**
私は本を探しているところだ。

zàijiā

在家

動 在宅する、家（職場あるいは宿泊先も含む）にいる

Wǒ fùmǔ dōu shì zàijiā gōngzuò.

[例] **我父母都是在家工作。**

両親はともに在宅勤務だ。

---

cúnzài

存在

動 存在する、ある

Zài jiějué wèntí shang cúnzài xìngbié chāyì ma?

[例] **在解决问题上存在性别差异吗?**

問題解決のしかたに男女差は存在するのだろうか？

---

zàichǎng

在场

動 その場にいる、居合わせる

Zài shìgù fāshēng shí, tā yě zàichǎng.

[例] **在事故发生时，他也在场。**

事故当時、彼もその場に居合わせた。

bǎ

動 （手で）握る、つかむ

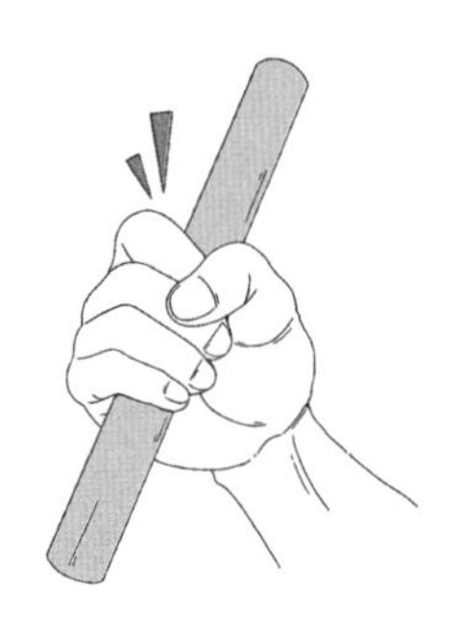

派生①

bǎ

量 ～つかみ（傘や背もたれのある椅子などを数える）

Tā zuòzài yì bǎ yǐzi shang dǎ kēshuì.
[例] 他坐在一把椅子上打瞌睡。
彼は椅子に座って居眠りをしている。

派生②

bǎ

前 ～を（どうこうする）

Búyào bǎ fúshǒu dàng huátī!
[例] 不要把扶手当滑梯！
手すりを滑り台にしてはいけません！

bǎzhù

把住

動補 しっかりと握りしめる・つかむ

Hǎozài lǎodàyé bǎzhù fúshǒu, méi shuāidǎo.

[例] 好在老大爷把住扶手，没摔倒。

幸い、おじいさんは手すりをしっかりと握っていたので転倒を免れた。

---

bǎwò

把握

動 名（しっかりと）握る、持つ、（抽象的なものをしっかりと）とらえる、つかむ、自信

Guānjiàn shì bǎwò jīhuì.

[例] 关键是把握机会。

肝心なのはチャンスをつかむことだ。

---

bǎbǐng

把柄

名 取っ手、〈喩〉弱み、弱点、痛いところ

Wǒ yídìng yào zhuāzhù tā de bǎbǐng!

[例] 我一定要抓住他的把柄!

あいつの弱点を絶対に見つけてやる！

---

bǎshou

把手

名 取っ手、ノブ、ハンドル

Wànyī mén bǎshou diào le, hái néng kāi mén ma?

[例] 万一门把手掉了，还能开门吗?

万が一ドアノブがはずれたとしても、ドアを開けられるの？

wèi

为

前 **～のために、～が原因で**

Wèi xīnláng xīnniáng gānbēi!

[例] **"为新郎新娘干杯!"**

「新郎新婦に乾杯!」

派生①

wèile

为了

前 **(目的)のために**

Wèile gēn tā jiéhūn, tā pīnmìng gōngzuò zhuànqián.

[例] **为了跟她结婚,他拼命工作赚钱。**

彼女と結婚するために、彼は必死でお金を稼いだ。

派生②

yīnwèi

因为

前 **(原因、理由)のために**

Yīnwèi tāmen xìnggé bù hé, hěn kuài jiù líhūn le.

[例] **因为他们性格不合,很快就离婚了。**

彼らは性格の不一致のため、すぐに離婚した。

wèi shénme
为什么

疑 どうして、なんのために

Tāmen wèi shénme méiyǒu shìxiān zǐxì kǎolǜ?
[例] **他们为什么没有事先仔细考虑?**
彼らはどうして事前によく考えなかったのだろう？

---

wèihé
为何

疑 なぜ、なにゆえ

Rén wèihé chóngfù fàn cuò?
[例] **人为何重复犯错?**
なぜ人は失敗を繰り返すのだろう？

▶“为什么”よりかたい表現。

語源メモ

“为 wéi”は「～になる、～とする、する、～である」の意。動詞で使用される場合には声調が異なるので注意が必要。“行为 xíngwéi”など「行為」とかかわる表現の場合も第2声で読まれる。

索引

本書の見出し語や語彙力アップトレーニングの語句などをピンイン順に掲載しています。（ ）内の数字はHSK3.0の等級（1～6級）を意味します。

D

E

F

G

H

J

K

N

O

P

Q

R

S

T

W

Y

【著者紹介】

西　香織（にし・かおり）

◉――明治学院大学教授。京都府出身。大阪外国語大学大学院言語社会研究科博士後期課程修了。博士（言語文化学）。専門は中国語学（語用論）、第二言語習得研究（中間言語語用論、コミュニケーションストラテジー）。鹿児島県立短期大学助教授、北九州市立大学外国語学部准教授を経て、2019年9月より現職。

◉――NHKラジオ「ステップアップ中国語」や「简明日语Plus」の講師を務める。趣味はミュージカル鑑賞、乗馬。

【イラスト】

蒼井　すばる（あおい・すばる）

◉――埼玉県出身。出版団体にて雑誌編集者としての勤務を経て、現在はフリーイラストレーターとして活動中。料理や人物のイラストを得意とし、主に書籍や雑誌、WEBのカットイラストに携わる。イラストレーターズ通信会員。

面白いほど語彙が増える　中国語の語源図鑑

2023年7月3日　第1刷発行

著　者――西　香織

発行者――齊藤　龍男

発行所――株式会社かんき出版

東京都千代田区麹町4-1-4 西脇ビル　〒102-0083

電話　営業部：03(3262)8011(代)　編集部：03(3262)8012(代)

FAX　03(3234)4421　振替　00100-2-62304

http://kanki-pub.co.jp/

印刷所――ベクトル印刷株式会社

　ISBN978-4-7612-7679-9 C2087